学校現場で今すぐできる

「働き方改革」

新保元康 著

目からウロコの
ICT活用術

明治図書

まえがき

　この本では，小学校での業務を改善しながら，同時に教育の質をどう向上させるかというアイデアをみなさんにご報告します。
　この報告のポイントは，2点あります。

　第一に，学校現場での実践をもとにした報告であることです。
　今，学校の働き方改革が大いに議論されています。わたしたちの目や耳には，国や教育委員会レベルでの大きな改革についての情報がたくさん入ってきます。現場からの悲鳴にも似たレポートもたくさんあります。しかし，学校現場でどんな改善が可能なのか，どんな改善をすべきなのかといった情報は，意外と少ないのではないでしょうか？
　書店の教育書のコーナーで最も多いのは，新学習指導要領への対応を中心とする授業研究に関する書籍です。働き方については，学者や教育の専門家による示唆に富む提言に加え，一人一人の教師の仕事の効率化に関する本が人気のようです。
　本書では，小学校で試みた組織的な業務改善のアイデアをご紹介します。
　国や教育委員会による法令の改正に及ぶような根本的な「改革」はもちろん重要です。同時に，学校現場での我々自身の組織的な「改善」も大切です。本書が，学校現場で奮闘するみなさんへの具体的な手助けになればと願っています。

　第二に，ICTの活用を中心にした報告であることです。
　学校への導入がどんどん進んでいるICTを活用した学校改善のトライアルをご紹介します。といっても，みなさんのご期待ほどにはICTは登場しないかもしれません。どちらかというとその周辺の話が多くなります。
　ICTを導入しただけでは，学校の業務改善はほとんど進みません。

最新の電気自動車を購入しても，充電設備がなければ使えません。気温や渋滞への対応など，これまでのガソリン車とは若干異なる運転ノウハウが共有されなければ，その実力を発揮できないのと同じです。
　当然のことですが，教育の情報化とは，最新のICT機器を導入することとイコールではありません。導入に伴ってICTの周辺を設備したり業務の流れを変えたりすることが大事です。つまり，ICTに＋αのアイデアが必要なのです。＋αのアイデアを加えることで働きやすい環境が生まれます。そんなアイデアをご報告します。

　新学習指導要領の全面実施直前ですが，文部科学省では，すでにその次の課題にもなりそうなSociety 5.0に向けた検討が始まっているようです。時代の大きな変わり目はまだまだ続きます。教育に対する期待はますます高まるばかりです。
　そんな大波に堂々と向かっていけるスマートでしなやかな学校づくりが必要です。きっとその学校は，ねじりはちまきでがんばる学校ではありません。必要な情報がスムーズに共有され，互いに信頼し合い，フランクな空気に満ち，みんながWin-Winになれる明るい学校です。
　国や教育委員会には，根本的な改革を期待しましょう。そして，我々現場は，指をくわえて待つのではなく，自分たちにできることはないか，そのヒントを考え，トライアルしていきましょう。
　よりよい学校，より働きやすい学校づくりの主役は，現場の我々です。現場の小さなアイデアにこそ，日本の学校の未来があります。現場の力を今こそ発揮しようではありませんか。

2019年1月

新保　元康

Contents

まえがき

第1章 現場は「改善」で進もう

日本の小学校教師は千手観音 ………………………………………………… 10

みんなで創り上げてきた，世界に誇る日本型学校教育 ……………… 13

日本型学校教育は，さらに多くを期待されている ……………………… 14

そして，新学習指導要領全面実施が迫る ………………………………… 15

学校の働き方改革実現のためには教師を増やしたい…が ………… 16

「改革」は国と教育委員会，学校は「改善」……………………………… 18

学校改善の鍵1：学校を変える主役は我々教職員 …………………… 19

学校改善の鍵2：ICTは使える！そして+αのアイデアが必要 …… 20

学校改善の鍵3：日常を変える ……………………………………………… 22

思い込みを超えると，+αのアイデアはどんどん広がる …………… 23

人手不足は急速に進行中，準備が急がれる …………………………… 24

column 着任したらまず掃除する ………………………………………… 26

第2章 ICT+αで学校の日常を改善するアイデア

1 ICTで子供ファーストの朝をつくる …………………………………… 28

01 職員朝会を全廃する ……………………………………………………… 29

02	子供を教室で迎える	31
03	全校で一人残らず行う朝の読書	33
04	職員室スタッフの打ち合わせは8時40分に始める	34
05	校務支援システムで「チーム学校」を支える	35
06	校務支援システムで先々を見通す	37

2　職員会議は年4回に精選する … 39

07	職員会議は年4回	40
08	原案は，前年度のデータを十分に使う	42
09	経営方針と小さな企画会議で議論を活性化	43
10	管理職の「ふらふら情報収集」の意味	44
11	反省は，即日，立ったまま行う	45
12	ペーパーを使わない方が効率的に情報共有できる	47
13	知らせる努力・知る努力	48

3　ICT＋αで全校の状況を把握する … 51

14	9時30分に全児童の健康情報を共有	51
15	出欠席情報と健康情報は同時に入力	52
16	「ほけんしつカード」で担任も保護者も安心	55
17	連絡なしで登校が遅れている児童を把握する	56
18	マークシートを活用し学校評価をコンパクトにする	57
19	不要になった行事黒板を「重要情報共有黒板」に変える	59
20	月予定は3ヶ月分を掲示	62

4　学校と家庭で作る6年間通知表 … 65

21	子供の育ちを長い目で見る「6年間通知表」	66
22	学校と家庭で作る，世界に一つの「MY通知表」	67
23	安全・安心な「渡しきり通知表」	69

Contents

24	「プレミアムな通知表」にする	70
25	「個人情報保護袋」でさらに情報管理を徹底	71
26	評価研修日を設定する	72

5 ICT＋αで安全・安心な学校をつくる — 74

27	電子メール連絡を軸に，複数の連絡手段を用意する	75
28	停電に強い緊急連絡手段の確保	77
29	登下校管理システムの利用	78
30	メールでの連絡可能状況を可視化する	80
31	学校への信頼を高める「安全・安心情報」	81

6 ICTで日常の一斉授業を改善する — 85

32	一斉授業の改善には，まず大型提示装置と実物投影機が必要	85
33	大型提示装置は，大きいほどよい	86
34	実物投影機を徹底的に使う	87
35	ベテラン教師の技が光る実物投影機	90
36	実物投影機活用の具体的なアイデア	91
37	指導者用コンピュータが，さらに授業の幅を広げる	96
38	導入の一歩先にある「常設・固定」まで進む！	97
39	学習者用コンピュータを効果的に使う	101

7 情報を守り共有する「ワイガヤ」職員室 — 104

40	職員室に個人情報保護ゾーンを設定する	105
41	職員室に100インチスクリーンとプロジェクタ	107
42	安心して話せる「職員室内電話ボックス」	109
43	みんなの力で職員室改造	111
44	校長室は経営企画室に改造	113

8　ICT＋αの前に必要なインフラ整備　117

- 45　「よくわかる！○○小」（学校基本ガイド）　118
- 46　ICTインフラが教育の質を支える時代　122
- column　忘れられないあの日のメール　125

第3章　改善を実現するためのヒント

- 時間とコストは切り下げ，質を向上させる　128
- 予算をかけるべきところにかける　129
- 「学校に無駄はない」この気持ちを超えられるか　131
- 次の仲間のために，「今こそ，変える」覚悟を　132
- 「痛くない手術はない」見通しを示し励ます　133
- 小さな成功に光を当て共有する　134
- 「知らせる努力・知る努力」が究極の情報共有　136
- 軽やかに日常授業の改善を図る研究も大切　137
- 確かな教材を徹底的に使う　140
- ミドルリーダーを育てる企画会議　141
- 来客は歓迎し，日常の学校を見ていただく　143
- ボトムアップを実現するために必要なリーダーシップ　145
- column　トランシーバーで情報共有　147

参考文献　148
あとがき

第 **1** 章

現場は「改善」で進もう

この本では，改革と改善を分けて考えます。
　改革とは，法令を新たに作ったり，改正したりしてなされる根本的な変更とします。学校の働き方改革には，公立義務教育諸学校の学級編制及び教職員定数の標準に関する法律（以下，義務標準法）の改正や教育公務員特例法（以下，教特法）の改正などが期待されています。そうした国全体や地方自治体全体にかかわるような変更を改革とします。
　改善は，実際の学校現場での小さな工夫によって現状をよりよい状態にすることです。
　現在の学校の困難を解決するには，第一に改革が必要です。国が動いてくれないことには，どうにもならないでしょう。そして，現場の地道な改善も同時に必要です。わたしたちの意識も変える必要があります。わたしたちの日常の学校運営の中にある無理や無駄を取り除かなければなりません。そのためには，ICTの活用も必須です。
　具体的な改善の話に入る前に，まず学校の現状を確認しておきましょう。

 日本の小学校教師は千手観音

　この先生は，何をしているのでしょうか。

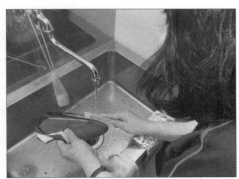

写真1

　この先生は，子供の靴を洗っています。

授業と授業の合間のほんのちょっとした時間を使って，懸命に洗っています。１年生の子供が生活科の授業で学校外に探検に出かけたときに靴を汚してしまったのです。
　「かわいそうに」という親心，そして「あとで面倒なことにならないように」という細心の心遣いでもあるでしょう。
　日本の小学校教師は，千手観音だと思うことがあります。
　千手観音とは，千本の手をもち，あらゆる衆生を漏れなく救済しようとする観音様です。教師は40人の子供たち一人一人の学習状況を把握するだけでなく，友達関係や家庭のことにまで心を配り，サポートしようとしています。
　朝は，学年の打ち合わせを素早く済ませて，玄関に出て登校指導。教室に戻って宿題の○付けをしながら，「先生あのね」という子供のつぶやきに耳を澄まします。授業もたくさんあります。国語，社会，算数，理科，生活，音楽，図工，体育，家庭，道徳，総合的な学習，外国語，特別活動，さらには学級会，クラブ活動から委員会の指導まで行います。これらの授業は，ただ教えるだけではありません。子供が主体的・対話的に深く学ぶよう様々な工夫をこらして行います。
　この間，小学生はしばしば具合が悪くなります。熱が出る，嘔吐する，大小の不始末もあります。嘔吐の処理は，ノロウイルスの拡散の危険もあるため細心の注意を要します。給食時間も気は抜けません。アレルギー問題や，誤嚥の危険もあります。教師は５分ぐらいで給食をかき込み，おかわりの面倒を見たり，こぼした給食の後始末に追われたりします。子供ですから休み時間にはケンカも起きます。今時は喧嘩両成敗という簡単な解決はまずあり得ません。いじめの疑いも出てきますので，よくよく話を聞いて慎重に対応します。
　そして，その合間に，子供の靴洗いまでするのです。
　放課後になっても，油断はできません。「子供が帰ってこないのですが……」「帰り道にケンカして怪我をしたのです……」「不審者に声をかけられました……」次々と学校に電話が入ります。テストの○付けも途中で切り上

げ，明日の授業の準備もままならないまま，教師は学校を飛び出します。さらに，早朝，放課後，土日と少年団活動の指導をする方もいます。

　もしかしたら，日本の教師は千手観音以上なのかもしれません。

　鈍感なわたしは，自分自身が担任の時代には目の前のことだけに無我夢中でした。しかし，担任をはずれて同僚の仕事により多く目を向けるようになると，こうしたみんなの奮闘が少しずつ目に入るようになりました。

　学校の「千手観音」は，生身の人間です。

　家に帰れば，子育てに懸命な母であり父であり，さらには，家族の介護に汗しています。ごく普通の市民としての生活がそこにあります。その普通の人が，観音様的な仕事を継続できるのでしょうか……。

　日本の教師の勤務実態は，本当に深刻な状況です。

　文部科学省が実施した教員勤務実態調査（平成28年度，速報値）によれば，1週間に60時間以上勤務する小学校の教諭は33.5％，中学校の教諭は57.6％もいます。1週間の正規の勤務時間は38時間45分なので，週60時間以上の勤務は，月に80時間以上の超過勤務という過労死ラインを超えている可能性があります。多くの教師は，これに加えて自宅で持ち帰り業務をしています。

　教育研究家の妹尾昌俊氏によれば，こうした教師の超過勤務は，他の産業と比べても突出して高いといいます（『「先生が忙しすぎる」をあきらめない』教育開発研究所，2017年）。

　さらに，教員（小中高）の精神性疾患による病気休職も高止まりが続いているそうです。

　命の危険も現実にあります。2018年4月21日の毎日新聞は，「過労死と認定された公立校の教職員が2016年度までの10年間で63人に上ることが，地方公務員災害補償基金（地公災）への取材で明らかになった」と報じています。

　いくら熱心な日本の教師でも，心や命にかかわるような勤務状態では大変です。何とかしなければなりません。しかし，そこにはいくつもの大きな壁があります。

みんなで創り上げてきた，世界に誇る日本型学校教育

　日本の学校は，諸外国よりも非常に多くの役割を担っています。
　「学校」＝"school"と簡単に翻訳するのがためらわれるほどの違いがあるのです。
　諸外国では，教師は主に教科指導だけを担うことが多いのに対し，「日本型学校教育」は，教師が教科指導，生徒指導，部活動指導等を一体的に行うことが最大の特徴です。
　中央教育審議会（以下，中教審）が2017年12月22日に出した「新しい時代の教育に向けた持続可能な学校指導・運営体制の構築のための学校における働き方改革に関する総合的な方策について（中間まとめ）」（以下，中間まとめ）には次の記述があります。「児童生徒の『全人格的』な完成を目指す教育を実施する『日本型学校教育』の取組は，国際的に見ても高く評価されている」
　わたしたちの目耳には，日本の教育の課題ばかりが入ってきやすいのですが，日本型学校教育には誇るべき点がたくさんあります。豊かで安全・安心な我が国の今があるのは，日本型学校教育の最大の成果でしょう。2018年のロシアでのサッカーワールドカップでは，日本チームの組織的で反則の少ないフェアな攻撃が称賛の的でしたし，日本人サポーターの後始末の素晴らしさも大いに話題になりました。常にチームワークを大事にし，掃除まで指導する日本型学校教育の成果がここにも現れているのかもしれません。
　近年は，「日本型学校教育」の海外展開も要望されています。これに応じた国の動きは，「日本型教育の海外展開推進事業（EDU-Portニッポン）」（https://www.eduport.mext.go.jp/）として，文部科学省のホームページに紹介されています。
　この世界に誇るべき日本型学校教育を創り出し，それを維持・発展させてきたのは，教師も含む我々日本人全員です。
　数々の学園ドラマでは，授業だけでなくむしろ生徒指導や部活動に夢中な

教師像が描かれます。わたしの若い頃でいえば、「熱中先生」や「金八先生」に憧れて教育の道を選んだ仲間はたくさんいます。

そして、今でも、子供、保護者、教師みんながそうした理想の教師像を共有しているのではないでしょうか。国民も教師もみんなが、世界的にも稀な、すべてを包み込む理想の教師像を共有しているのです。

そして、これこそが、学校の働き方改革を難しくする一番の要因なのです。

日本型学校教育は、さらに多くを期待されている

この日本型学校教育は、変わりません。

いくら課題が多くとも、この基本形を変えることは無理ですし、変えてはいけないのだとも思います。

それは、法律や制度の問題ではなく、日本人の心に完全に根づいているものだからです。「学校」を"school"にすることはできません。日本型学校教育は、わたしたちそのものなのです。

中教審「学校における働き方改革特別部会」で部会長を務める放送大学教授の小川正人氏は私見として、次のように述べています。

「『中間まとめ』では、主に学校及び教員が担う業務の明確化・適正化を中心に議論を整理した。その議論で一番腐心したことは、学習指導だけでなく生徒指導など生活全般の業務にも係わる日本型教育のよさを維持しながら教育の質も担保していく方策を具体的にどのように図れるかということであった」(『教育展望』教育調査研究所、2018年6月)

この特別部会の名前のとおり、学校における働き方は改革しなければなりません。しかし、日本の学校の在り方を根本から変えることは到底無理なことです。そこにこの部会の苦しさがあったことがよく分かります。

それだけではありません。

日本の学校には、さらに多くの役割が期待されています。

「中間まとめ」には次のように率直に書かれています。

「家庭や地域の教育力の低下，要保護・準要保護家庭，障害のある児童生徒，日本語指導が必要な外国人児童生徒，不登校，暴力行為の増加など，学校が抱える課題が複雑化・多様化するにしたがって，おのずと学校の役割は拡大せざるをえない状況にある」(「中間まとめ」p.3)

気がつけば，すでに学校は「子供の貧困対策のプラットフォーム」としても位置づけられています(「子供の貧困対策に関する大綱」平成26年８月閣議決定)。

日本の学校の役割は，今後縮小に向かうのではなく，ますます大きくなるのです。

 そして，新学習指導要領全面実施が迫る

多忙に直結しそうな要因は，まだまだあります。

2020年には，新学習指導要領が全面実施されます。

戦後最大規模の改訂ともいわれる新学習指導要領は，2030年とその先の未来を見据えて作られたものです。元々資源も少ない，小さな国日本。知恵と汗で，この国の幸せをつないでいかなくてはなりません。教育への期待はますます大きくなり，より質の高い教育が求められているのです。

「主体的・対話的で深い学び」がその中核です。

これは，とても素晴らしい学びですし，これからの日本に必須の学びです。

でも，実際に行うのは，とても大変です。

わたし自身，担任として総合的な学習等でいろいろなトライアルをしてきました。その経験でいえば，「主体的・対話的で深い学び」を表面的に行うことはできても，その成果を上げるのは大変だと思います。

子供一人一人の意欲を高め，議論させ，自分だけでは気づけなかった新たな知恵を獲得しそれを活用する……当たり前のようですが，それを実現するためには，教師の事前の準備がさらにたくさん必要になります。教師の教養や準備が十分でなければ，子供に任せっぱなしの授業になりかねません。

押しつけでない主体的な教育，互いに学び合う対話的な教育。この重要性は，言うまでもありません。
　ただ，それを行うのは子供です。
　子供は時として大人を驚かせる発想を見せます。その瞬間の感動をわたしは何度も味わいました。しかし，圧倒的に大多数の場合は，やはり子供からは子供なりのアイデアしか出ないのです。
　うっかりすると低次元の這い回る学習になりかねません。「主体的」という理想の言葉のもとで，子供にゆだねるばかりでは，成果は出ません。
　主体的・対話的で深い学びを行うには，より多くの時間が必要です。主体的・対話的で深い学びを準備するには，研修や準備の時間をたっぷり取ることや，優れたリーダーのもとでの研修が必須でしょう。
　その時間の確保と，教育の質を向上させる覚悟が学校に求められています。
　質量ともに，よく吟味され緻密に構築された新学習指導要領。これを実現するには，学校の無理・無駄を徹底的に削減し，授業準備の時間をしっかりと確保しなければなりません。つまり，働き方改革をしなければ，日本の未来はないのです。

 学校の働き方改革実現のためには教師を増やしたい…が

　「働き方改革」への現場の期待は非常に大きいものがあります。
　しかし，これまでに見たとおり，働き方改革といっても，単に勤務時間の削減をすればよいというものではないことが分かります。
　時間が減ることで，日本型学校教育が維持できなくなったり，教育の質が低下したりしては，結果的に個人も社会も大変なことになりかねません。
　文部科学省初等中等教育局長の髙橋道和氏は，「『働き方改革』のゴールは，教育の質の向上です」とはっきり述べています（『教職研修』教育開発研究所，2018年4月）。
　働き方改革の究極の目的は，日本型学校教育を維持し，さらに教育の質を

上げることにあります。そのためには教師が安心して働けるようにしなければならない……そういう論理になります。

これを実現するためには、義務標準法を改正し、教師を大幅に増やしてほしいと多くの教師が思っています。

しかし、国や自治体の厳しい財政事情のもとでは、非常に難しいようです。文部科学省と財務省のせめぎ合いは、インターネット上にも掲載されています。文部科学省が、何とか定数を増やそうとしているのが分かります（文部科学省「財政制度等審議会の『財政健全化計画等に関する建議』に対する文部科学省としての考え方」平成27年6月5日 http://www.mext.go.jp/component/b_menu/other/__icsFiles/afieldfile/2015/06/10/1358556_01.pdf）。

しかし、福祉の充実をはじめとして予算が必要なことはたくさんあり、教員の定数改善に充てる予算は、本当に苦しいようです。教育により多くの予算を投入すべきという機運が、国民の中にますます高まり、多数の意見として合意形成がなされない限り問題は解決しないままになります。

ではどうするか……。

国立教育政策研究所の藤原文雄総括研究官は、こうした一連の動きを「二兎を追う学校づくり政策」として、次のように述べています。「教員数が増えるとしても大幅に増えるという見通しはなかなか持ちづらいというのが現実です。こうした情勢の下では、『学校組織全体の総合力の向上』と『教員の長時間勤務の是正』という二つの政策目標は対立する契機を有することになります。そこで両者が対立することを踏まえた上で、二つの政策目標の両立を図る施策が求められているのです」（『スクールリーダーのための教育政策入門』学事出版、2018年）

対立する政策目標を両方実現する——これはまさに改革という名にふさわしい大きなチャレンジになります。そして、その第一段はすでに提示されています。中教審の「中間まとめ」がそれです。今後さらに、教特法の改正をはじめ、年単位の変形労働時間制の導入なども検討されることでしょう。

こうした、法の改正や立法につながるような大きな流れこそ「改革」です。

そして、学校の働き方は、まずなによりこの改革が必要ですし、ますます期待はふくらみます。

「改革」は国と教育委員会、学校は「改善」

国は改革への道を進み始めました。教育委員会も必死に考えてくれています。しかし、成果が出るまでに時間はまだまだかかるでしょう。

そして、法令が作られたり、改正されたりすれば、直ちに学校の問題は解決するでしょうか。

これでもまだ難しいかもしれません。

働き方改革の実現には、法律改正などによって大枠が変わることが大前提ですが、現場の我々の中の問題も解決しなければならないからです。前述のとおり、子供の下校後の生活にまで心を配るような日本型学校教育を創ってきたのは、我々でもあるのです。我々の問題を我々自身が見直し解決しなければなりません。我々現場にいる者が、今からできることを積み上げていくしかありません。

この道もまた非常に困難です。

教師の意識には自営業主のようなところがあります。組織的な決め事が苦手です。独自の職人芸とも言えるような指導技術をもつ教師も多い中で、合意形成を図るには新たな困難もあるでしょう。

それでも、我々は改善を積み重ねなければなりません。

今、急速に教師の世代交代が進みつつあります。

次世代の若き教師たちに、今の苦労を引き継ぐことはできません。

薄皮を一枚一枚はぎ取るように、学校の現状を少しでも風通しのよいものに変えていく努力が我々世代の役目ではないでしょうか。

次世代の若者たちには、個人の生活や家庭をぜひ大事にしてほしいと思います。いえ、そんなお節介な気持ちは、すでに不要かもしれません。男性が育休を取るケースも増えています。わたしは、我が子を保育園に送り迎えし

たことはほとんどありませんが，今の先生たちにとってそれは常識です。

　仮に，改革が遅くなっても，不十分と感じるものであっても，それは，ある意味国民と地域住民の総意ですから受け止めざるを得ません。どんな状況が訪れようとも，わたしたちはわたしたちのできることをしなければならないのです。

　結果的に，そうした小さな改善の積み重ねこそが，次世代の日本型学校教育を創るのではないでしょうか。

　次に，学校改善の３つの鍵について述べます。

学校改善の鍵１：学校を変える主役は我々教職員

　一番大事なのは，学校を変える主役は我々教職員だという強い意識です。

　現場には，「我々は被害者である」という意識がどうしても広がりがちです。

　仲間の過労死や心の病のことを思えば，その気持ちは当然です。全員，心が折れそうになる経験をしていると思います。わたし自身も何度もつらい思いをしました。体調を崩し手術もしましたし，お恥ずかしい話ですが，もう無理かなと思ったこともあります。

　学校には，特有の困難があること，それが命にかかわる可能性もあることは，我慢することではなく，学校を取り巻く方たちに丁寧に説明する必要があります。妹尾氏のように現場の人間が言いにくいことを代弁してくださっている方もたくさん出てきました。メディアの追い風も本当にありがたいと思います。

　そして，同時にわたしたちは，自分たちのできることを少しずつ進めていかなくてはなりません。

　誰かに助けてもらうのを待つだけでなく，自分たちのできることを進める必要があります。学校を変える主役は我々教職員です。小さな改善も積もり積もれば，大きなものになります。

もう一つ大事な意識があります。

それは，時間の削減と教育の質の向上を同時に進めるという意識です。

単に時短を進めるだけでは，社会的な責任を果たしたことにはなりません。これだけでは，いずれ，学校は国民の声援を失うでしょう。

少しでも国民の支援を続けていただくには，成果を出すことがなにより重要です。成果を出しながら言うべきは言う，頼るべきは頼るという好循環をつくり出す必要があります。そして，新時代の日本型学校教育を創り出すのです。

学校で本当に行うべきことは何か，これを徹底的に突き詰め，無理・無駄を削減し，助けてもらうことは助けてもらい，本来の仕事で成果を出すべきです。教育の質をより高め，困難な時代を生き抜く子供を育てていかねばなりません。

学校改善の鍵2：ICTは使える！そして＋αのアイデアが必要

2つ目の鍵は，ICTです。

ICTは，業務改善に効果を発揮します。

ICTは，教育の質の向上に効果を発揮します。

「ICTは，教育にはなじまない」「黒板とチョークで十分」「以前の方が効率的だった」という声もあるようですが，本当にそうなのでしょうか。確かに，移行期は使いにくさや面倒な感じになることもあります。しかし，導入の仕方や使い方さえ間違えなければ，大いに効果を発揮するのではないでしょうか。

そもそも，新しい技術は常に人間の能力を拡大するものです。

自動車のおかげで，わたしたちはより短時間で，より自由自在に移動することが可能となりました。自動車のおかげで初めて人類の移動が始まったわけではありません。200万年ほど前に，我々の祖先がアフリカで誕生して以来，人類は大移動を続けてきました。人類は，熱帯から寒帯まで世界中の

隅々に移動し，今の隆盛を築きました。

　船，鉄道，自動車，飛行機と新技術はわたしたちの移動をより効率的にし，より快適にしたに過ぎません。移動の本質は変わっていないのです。

　教育の本質も変わりません。

　黒板とチョークで授業をしていたときも，大事なのは，教師の深い教材研究，教師の発問，さらには分かりやすい説明でした。

　考えてみれば，アクティブ・ラーニングも200万年前から続いている伝統的手法なのかもしれません。より確実に食料を手に入れるために，問題に気づき，仲間と対話しながら考え，獲物を捕まえる作戦を実行する。実行後には，活動をふり返り，さらによい作戦を練り上げる。そこには，達人のリーダーシップが大いに発揮される。そうやって獲得された知識は，口述や絵や文字として記録され伝えられていく。つまり，アクティブ・ラーニングは，大昔からの伝統芸とも言えそうです。

　ICTは，それをコンパクトに効果的に行う道具に過ぎません。

　それが，どれだけ効果的であったとしても，問題に気づかせ，考えさせ，繰り返し，体験しながらより確かな知を獲得させ，それを活用させるという教育の本質は変わりません。教師が，指導者としてそれを導く必要があります。

　自動車を導入した当初もいろいろなトラブルがありました。自動車を使うことで生じる利便性と事故などのマイナス要因をどう勘案すべきかは大きな社会的問題でした。

　しかし，自動車を取り巻く道路や標識等のインフラの整備，さらにルールや保険等のシステムが整備されるにしたがい，自動車の利便性は飛躍的に高まり，危険性は減少しました。最初から万全だったわけではなく，使いながら徐々に改善されてきたのです。

　教育におけるICTも同じです。授業改善や業務改善にICTを活用するには，それに応じた周辺整備やノウハウの蓄積が必要になります。ICTはそれだけでは何の効果も発揮しません。自動車と同じように使いながら改善して

いくことが重要です。それには，なにより現場の我々のアイデアを一つ一つ積み上げていくことが極めて重要なのではないでしょうか。

 学校改善の鍵３：日常を変える

　学校改善の３つ目の鍵は，日常を改善するということです。

　当たり前のことすぎて意味が通じにくいかもしれません。

　実は，学校は，「先進的な」取組が大好きです。

　「革新的な授業の実現」「未来志向の学びの実現」「未来へ向かって前進！○○小」等の魅力的かつ先進性を予感させる言葉で自校の奮闘をアピールすることがよくあります。公開研究会のときなどに最もアピールが強くなる傾向があります。わたし自身も，よくこうした言葉を使いましたし，そうやってみんなと励まし合いながらがんばってきた歴史があります。

　しかし，ふり返ってみると，日常の授業も学校運営も昔とさほど変わっていないことも多いように感じます。大変な準備をして最新のICTも使い公開研究会を開催。でもそれが終わると元々の授業に戻ってしまう……ということもあります。

　つまり，イベント時の大きな言葉や膨大な準備と日常との間に大きな差がある，というのが学校にありがちな空気なのです。

　教師の過剰な負担を軽減し，同時に教育の質を向上させるためには，毎日の学校が少しずつ変わらなければなりません。

　「周年行事や研究会のときはがんばろう，みんなで盛り上がろう！」ではなく，毎日の学校運営が効率的になり，いつもの授業がより分かりやすくなったり，深い学びになったりすることが大事なのではないでしょうか。時々すごくがんばる学校から，地味だけど毎日着実に少しずつよくなる学校を目指したいのです。

　無理なく，日常を少し変える地味な研究。これが，これからの時代に必要な学校の取組だと思います。

思い込みを超えると，＋αのアイデアはどんどん広がる

　みんなが「業務を効率化し，勤務時間を減らしながら，教育の質を向上させる」という意識のもとで，「ICTも活用しながら」「自分たちのできることを」「日常的に」行えば，学校は間違いなく変わり始めます。

　我々は，「学校とはこうあるべきだ」という「思い込み」に呪縛されているのかもしれません。それがアイデアの生まれない原因です。すごいことでドカンと変えるのではなく，ちょっとしたことでいいのです。思い込みを超えると，学校のあらゆるところに＋αのアイデアが現れてきます。

　東北大学大学院教授の堀田龍也氏は，次のようなアイデアを紹介しています。「授業力があってみんなから信頼されている40代の女性の先生をICT活用主任にする」(「新学習指導要領時代の間違えないICT」『総合教育技術』小学館，2017年11月，p.96)

　わたしは，この話をご本人から何度も伺いました。この話を最初に聞いたときは正直なところ耳を疑いました。ベテランの女性教師が指導力も高く信頼も厚いのはよく分かります。しかし，ほとんどが「ICTは嫌い」という方でした。そして，わたしは，ICTに詳しい人でなければICT活用のリーダーはできないと強く思い込んでいました。

　しかし，最先端のICT活用を研究するのではなく，「日常を変える」という視点に立てば，これこそが大正解だと分かりました。実際にそのような人事を行い，大きな成果を得ることができました。

　＋αのアイデアとは，こうした思い込みを超えるちょっとした視点の変換から生まれます。自分自身の「常識」を疑い，試みてみる。毎日毎日の「当たり前」を疑い，試みてみる。これが学校を変えていくのです。

　こうした＋αが上手く進み始めると，アイデアはどんどんわき起こってきます。ICTを活用するアイデアだけではなく，学校中を見直すアイデアがわいてくるのです。

人手不足は急速に進行中，準備が急がれる

　学校の働き方改革がまだ十分進まないうちに，次なる大きな問題も明らかになってきました。

　人手不足です。

　「先生が足りない」という異常事態を報じるニュースをよく耳にするようになりました。教頭が担任を兼務するのはまだいい方で，理科の授業を3ヶ月行えなかった，英語の授業を1ヶ月行えなかったという報道もありました。

　わたしの勤務校は，若い先生がたくさんいます。2017年度は，そのうち5人の女性担任が赤ちゃんを授かりました。2人の男性担任の家庭にも赤ちゃんが誕生，加えて給食室の調理員さんも出産。まさにベビーラッシュの一年でした。赤ちゃんが次々と生まれる職場は活気があって本当にうれしいことで，みんなで何度もお祝いをしました。

　そして，同時にわたしの頭の中は，「代替の教諭や職員を確保できるだろうか」という不安でいっぱいにもなりました。教育委員会の親身なサポートに加え，わたし自身もあちこち人材を探しました。途中苦しいときには，担任外教員に入ってもらい，何とかやりくりして乗り越え，新年度には，全教室に無事担任を配置することができて，心からほっとしました。子供たちの保護者のみなさんの応援にも本当に助けられました。

　おそらく，これからの時代にはこうしたことが当たり前のようになるでしょう。新年度の当初から，定められた教員定数を満たせない学校が全国にたくさんある状況は本当に深刻です。

　日本全体の人手不足は，まだまだ進行しそうです。

　とすれば，学校の日常業務を効率化したり絞り込んだりしておくことはますます重要となります。人手不足が現実のものになってからでは遅いのです。その前に，準備を進めておかなくてはなりません。

　これからご紹介する様々なアイデアによって，わたしの学校は不十分ながらも準備ができていました。効率のよい情報共有，学年での十分な打ち合わ

せ時間の確保,子供の安定を第一に実現する仕組み等々,いつ新しい仲間が来てもよい体制が効果を発揮したと思います。

column

着任したらまず掃除する

　着任したときに始めるべきことは，掃除です。特に，小さな倉庫，教材室，職員室，さらに校長室の掃除が大事です。学校に無理・無駄はないか，それに気づくには掃除をするのが一番です。掃除をすることでその学校の抱える課題が見えてくると言っても過言ではありません。
　本当にいろいろなものが学校には保管されています。保管というよりも放置されていると言ってもいいでしょう。
　例えば，わたしが新採用の頃によく使われた OHP が何台も残っていることがありました。それだけではありません。16ミリの映写機やUマチックのビデオデッキも残っていました。たぶん多くの学校には，VHS や音声カセットテープが今でもたくさん残っていることでしょう。
　使わない物は，処分しなければなりません。ある学校では，大量の物品の処理に1年半かかりました。夏休み，冬休み，そして次の夏休みまでかかったのです。こういう作業をすることで，貴重なスペースが生まれます。これを利用して，開放図書館の保護者控え室を作ったこともあります。
　掃除をしていたら，購入希望のあった「彫刻刀研ぎ機」を発見したことがありました。危うくもったいない支出をしてしまうところでした。物品が増えれば増えるほど在庫管理が難しくなります。何があって，何が不足しているのかをしっかりと管理するためにも物品整理は重要です。
　単なる物品だけではありません。保存期限をすぎた書類が埋もれていることもあります。こうした書類は慎重に廃棄しなければなりません。
　こうした作業をみんなですることで，学校の無理・無駄が非常によく見えてきます。不思議なことに心も頭もすっきりしてくるのです。

第 **2** 章

ICT＋αで
学校の日常を
改善するアイデア

1

問題意識 ▶ 校務支援システムで学校の朝を変える

ICTで子供ファーストの朝をつくる

✦ 学級経営の上手い先生は,朝に子供の話を聞いている

　教職員が使う校務用コンピュータや校務支援システムは,十分活用されているでしょうか。

　校務用コンピュータや校務支援システムは,近年急速に整備が進められてきました。しかし,これらは十分活用され,それによって学校の朝は変わっているでしょうか。せっかく校務用コンピュータが導入されたのに「忙しい,忙しい」と言いながら,今までと同じ朝が続いていないでしょうか。

　10年ほど前,学校にあるコンピュータは,ほとんどが教職員の私物でした。その後急速に整備が進み,文部科学省が毎年行っている「学校における教育の情報化の実態等に関する調査」によれば,教員の校務用コンピュータ整備率は119.9%となっています(「学校における教育の情報化の実態等に関する調査」平成29年度結果)。私物コンピュータは,ほぼ姿を消し,校務用のコンピュータが職員室の各自の机の上にあるのが当たり前になっているのです。

　また,統合型校務支援システムを導入している学校も52.5%となっており,およそ半分の学校にすでに導入されています。

　これらのコンピュータやシステムは,十分活用されているでしょうか？

　文部科学省の「2020年代に向けた教育の情報化に関する懇談会」が2016年7月に「最終まとめ」を報告しました。それによれば,校務の情報化の現状と課題として,次のような指摘をしています。

　「校務支援システムが導入されたが十分に活用されていない事例もあり,全ての教職員が使わなければ十分な導入効果がでない」(「最終まとめ」p.28)

第2章 ICT＋αで学校の日常を改善するアイデア

　実際，いろいろな学校にお邪魔すると，以前と変わらない職員室の光景が広がっていることがよくあります。つまり，学校運営の仕組みはそのままで，ただ机の上にコンピュータが増えた状態です。これはとても残念なことです。
　ICT機器が学校に入っても，その活用は，実質的に教師任せとなり，組織的な運用のノウハウが不足しているのではないでしょうか。
　ここでは，校務用コンピュータや校務支援システムを活用した学校の朝の改善事例を紹介します。ICTを上手く使うことで，子供ファーストの朝をつくり出すことができます。

01 職員朝会を全廃する

　思いきって職員朝会を廃止する。これが，改善の第一歩です。
　校務用コンピュータや校務支援システムを導入しただけでは，朝の余裕は生まれません。校務支援システム導入に合わせて，職員朝会を廃止するのです。
　まず，よくありがちな職員室の様子を見てみましょう。

写真2　従来と同じ職員室黒板と校務用コンピュータ

　写真2には2枚の黒板が映っています。右の黒板には，今日と明日の予定が詳しく書かれています。そして，左の黒板には1ヶ月の予定がびっしりと書き込まれています。昔から全国の学校によくある光景です。

いずれも多くは，教頭の仕事です。これを書くのには結構な時間がかかります。
　しかし，右下を見ると，校務用コンピュータが置かれているのが分かります。この学校では，すでに校務用コンピュータが5年ほど前に整備され，さらに3年前に校務支援システムも導入されていました。せっかくこのシステムが導入されたのに，職員室の黒板も職員朝会も昔のまま変わっていなかったのです。これでは，コンピュータが増えた分，業務が増えた……と言ってもいいぐらいです。
　どうすればよいのでしょうか。
　まず，この黒板に行事予定を書くのをやめます。そして，職員朝会を廃止します。行事予定は，校務用コンピュータに一本化します。
　改善後の職員室の朝の様子は次のようになります。
　まず，出勤直後に自分の校務用コンピュータを起動します。
　次に校務支援システムを起動し，「スケジュール画面」の確認です。
　このスケジュール画面は，文字どおり，その日の日程，人の動きなどを詳しく表しています。各自が黒板ではなく，コンピュータを見て，一日の学校の動きを把握するのです。
　さらに，「回覧板」をチェックします。ここには，これまで口頭で伝えられていた情報がコンパクトに文字情報で掲載されています。必要に応じてメモを取ってもよいし，印刷して教室に持っていってもかまいません。
　これらが終わったら，学年の先生と簡単な打ち合わせをして，すぐに教室に行くことができます。全員が職員室に拘束される職員朝会を行っていたときに比べると，20分程度早く教室に行けるのではないでしょうか。
　この方法に変えるときには，「職員朝会がないと，はっきり全員に伝わったのか心配」という声が出てきます。
　わたしの経験では，全く問題ありません。むしろ，以前より情報は正確に伝わります。
　なぜなら，職員朝会での連絡は口頭でした。しかし，校務支援システムで

第2章　ICT＋αで学校の日常を改善するアイデア

写真3　スケジュール画面を見ている先生

の連絡は，文字情報です。曖昧さが減ります。さらに，図面などを添付することもできます。必要ならそれを印刷して教室に持っていくことも可能ですから，正しく伝わるようになるのです。

そして，何度でも繰り返し見ることができます。

職員朝会での連絡は一度限りです。隣の人のメモと自分のメモが食い違い，どっちが正しいの？ということもありました。校務支援システムの回覧板情報は，常に保存されています。心配なときはいつでも見直すことができます。過去にさかのぼって見直すこともできます。「昨年の今頃どうやっていたか」がすぐに分かるのです。

「急な連絡が必要なときどうするか」という心配の声もありました。

これも心配ありません。全校放送を使えばよいのです。「全校的行事の予定変更」「天候急変に伴う変更」というような情報は，全校に一斉に放送します。緊急時こそ，情報の一元化が重要です。一つの情報を全員で共有することで危機管理の質は向上するのです。

02　子供を教室で迎える

職員朝会がなければ，今までよりも20分ぐらい早く教室に行けるようになります。まさに，ICTの活用で「子供と向き合う時間を増やす」ことができ

るのです。毎朝20分早く教室に行き、子供を迎えるととてもよいことが起きます。

　まず、子供とのコミュニケーションがよくなります。

　子供は、朝「先生、あのね……」と話したいことがあるのです。大好きな先生にいろいろ教えてあげたい、そんなかわいい子供たちがたくさんいます。担任にとってもそれは非常に大事な時間です。ちょっとした一言から、その子のよさを再認識したり、不安な気持ちに応えたりすることが可能になります。

写真4　朝は，子供と先生の大切な時間

　次に、宿題などのチェックがすぐ始められます。

　一般には、朝提出された宿題のチェックが放課後になることが多いのではないでしょうか。そうなると、下校までにノートを返却することができません。結果的に、宿題を毎日出せなくなったり、宿題ノートを２冊用意したりする必要が出てきます。これでは、家庭での学習習慣を身につけさせるのは難しくなります。宿題や家庭学習のチェックは、朝のうちに済ませる。その習慣をつけるだけで、先生の退勤時間は大幅に早くなります。

　第三に、朝から教師が教室にいることで、トラブルを未然に防ぐことができます。

　子供のケンカの火種は、朝につくられていることも多いものです。学級崩壊の導火線が教師不在の朝に伸びていることもよくあるものです。子供は朝、

とっても元気です。意欲満々です。だからこそそこでトラブルが起きやすいのです。教師の存在があるだけで，落ち着いた朝をつくることができます。

ベテラン教師は，トラブルが起きる前に手を打ちます。ここに書かれたことは，すでに行っている先生がたくさんいるのです。ICTの活用で職員朝会をなくしたら，このベテランの技をぜひまねしたいものです。

03 全校で一人残らず行う朝の読書

職員朝会をなくすと，朝の読書を充実させることができます。

朝の読書は，1988年に林公先生，大塚笑子先生の提唱で始められた非常に有名な取組です。今では，全国の小学校の81％が実施しているという報告もあります（2018年11月5日時点，朝の読書推進協議会調べ）。

みなさんもご存じと思いますが，朝の読書には4つの原則があります。

「みんなでやる」「毎日やる」「好きな本でよい」「ただ読むだけ」というものです。

しかし，全国の81％の学校で行われている朝の読書ですが，なかなかこの4つの原則を守れている学校は少ないのではないでしょうか？　つまり，先生たちが職員室で打ち合わせをしている間に行っていることが非常に多いと思います。

朝の読書は，教師も一緒に行うことがとても大事なのです。ICTの活用によって，職員朝会をやめたら，この原則に従った朝の読書が可能になります。毎日，全校で一斉に教師も事務職員もみんなで朝読書をすると学校は変わります。ぐんと落ち着きが出てきます。

全校児童と教職員合わせて約1000人の学校で，原則に従った朝の読書を行ったことがあります。朝8時30～40分の10分間に全校で朝読書を行うのです。事務職員も用務員も校長も本を読みます。わたしは，朝の通学路パトロールが終わった後，教室に直行し，子供と一緒に本を読みました。

全校がシーンとなるこの時間は，何度体験しても素晴らしいものでした。

写真5　校長も一緒に朝読書

　刺激の多い現代社会。あらゆるものが楽しく賑やかにできています。みんなでつくる静寂のよさを子供たちは体験したことがないのではないでしょうか。

　ICTを活用して，早く教室に行けば，みんなで朝の読書ができます。この黄金の10分間が学級にも学校全体にも落ち着きをもたらします。そして，学級崩壊が未然に防がれ，学習に必要な集中力が養われるのです。

職員室スタッフの打ち合わせは8時40分に始める

　学年の打ち合わせは，8時15分の出勤時間の直後に行います。

　そして，職員室スタッフの打ち合わせは，8時40分に始めます。

　職員室スタッフとは，管理職，担任外教諭，養護教諭，事務職員，用務員，業務員などです。学びの支援サポーターやスクールカウンセラーに入ってもらうこともあります。

　職員室スタッフの朝は，電話を取ったり，各学年の動きの調整をしたり，登校指導をしたりなど仕事がたくさんあります。そのため，全員が集まるのは非常に難しいのです。出勤時間前から仕事を始めているスタッフも多いのですが，それに甘えて勤務時間前に打ち合わせをすることはできません。各自，自分の校務支援システムでその日の動きを確認してから，あちこちに飛

第2章　ICT＋αで学校の日常を改善するアイデア

写真6　担任外の朝の打ち合わせ

び出していきます。

　そこで，子供の登校がすべて終わり，教室の動きが落ち着いた8時40分に職員室スタッフの打ち合わせをするのです。

　この打ち合わせにも校務支援システムが使われます。

　職員室にある大画面のテレビや100インチの大きなスクリーンに校務支援システムのスケジュールを映し出し，みんなで一緒に見ながら一日の動きを再度確認するのです。

　この打ち合わせは，立ったまま行うととても迅速にできます。教頭や教務主任の進行で一日の流れをてきぱきと確認。前述のように，すでに各自でスケジュールは確認済みです。時間をかける必要はありません。

05 校務支援システムで「チーム学校」を支える

　「チーム学校」という言葉がよく聞かれるようになりました。

　今まで以上に多様なスタッフが集まる学校で適切な情報共有を行うのに役立つのが校務支援システムです。

　2015年12月の中教審答申「チームとしての学校の在り方と今後の改善方策について」を受けて，今後さらに学校のスタッフは多様化するでしょう。現在でもすでに，半日勤務の再任用教員，初任者指導員，スクールカウンセラ

一，学びの支援サポーター，スクールソーシャルワーカー……チーム学校を支えるメンバーはどんどん広がりつつあります。

　さらに，担任の働き方も多様化しています。育児や介護をしている教職員には，特別な勤務態勢が用意されるようになりました。産休・育休や介護休暇の充実はもちろん，早出遅出勤務や短時間勤務も可能となりました。

　こうした，多様な職種や多様な勤務状況のメンバーが増えるのは大変よいことなのですが，問題は，このチームみんなで情報を共有しなければならないということです。

　これまでは，職員朝会に全員が集まることができました。出勤時間が同じですから簡単なことです。しかし，多様なスタッフが集まる学校では，これは不可能です。

　ここで活躍するのが校務支援システムです。

　校務支援システムを利用すれば，自分の出勤時間に合わせてスケジュールやその日の連絡を確認することができます。学校の大事な動きや，気にかかる子供の状況を共有することも可能です。校務支援システムでは，閲覧の権限も管理できますので，どこまで情報の共有を可能とするかコントロールもしやすくなります。

　「校務支援システムのおかげで気が楽になった」という先生がいました。

　育児休暇を終えて再び学校で働き始めた先生です。遅出遅帰りの勤務形態を選んだ先生は，保育園に子供を預け，8時30分頃に出勤します。そのときは，もう他の担任は教室に出かけてしまった後です。でも，校務支援システムを開けば，今日のスケジュールや連絡を確認することができるのです。安心して子育ても仕事もできる……システムを上手く利用することで可能性はどんどん広がります。

06 校務支援システムで先々を見通す

　校務支援システムのスケジュールには，約1週間分の予定が表示されます。これまでの黒板では今日明日の2日分でした。

　2日間を見通した行動と，7日間を見通した行動では，自ずと変わってきます。調整が必要なこと，丁寧な準備が必要なことに早め早めに気づくことで，無駄な時間が減っていきます。7日間分のスケジュールが毎朝目に入るだけで，常に一歩先を見る習慣が教職員の中に根づいていくのです。

　「校務支援システムを導入し，職員朝会をなくすと，教職員のコミュニケーションが減るのではないか……」という不安を耳にすることがあります。

　これまで校務支援システムでの情報の共有をすでに10年行ってきましたが，全く逆であると確信しています。コミュニケーションは逆に増えます。

　先々を見通した仕事が当たり前になるので，その準備の打ち合わせが活性化するのだと思います。準備がよければトラブルも減りますので，その分楽しい会話も増える……ということなのではと思っています。

　「職員朝会」などの司会者を立てた形のコミュニケーションではなく，自由でフランクなコミュニケーションが増えるということでもあります。形式より実質という意識が，教職員の中にじわじわと共有されていくから，よいコミュニケーションが増えるのです。学校の日常文化はこうやって少しずつ変わっていくのではないでしょうか。

まとめ

①校務支援システムを起動すれば，学校の問題解決が始まる。
②校務支援システムを使えば，職員朝会は不要となる。
③朝，教室に早く行くことで，子供と向き合う時間が増え学級が安定する。
④子供も教職員も，学校にいる全員が揃って朝の読書が可能となる。

全校みんなでつくる静寂が学校に落ち着きをもたらす。
⑤回覧板機能によって,「チーム学校」を支える多様な教職員,遅出出勤など様々な勤務形態の教職員が自分のペースで情報を共有することができる。
⑥スケジュール機能によって先を見通した仕事の進め方ができるようになる。結果的にフランクで実質的なコミュニケーションが活性化する。

問題意識 ▶ 放課後の教師の時間は30分しかない！

職員会議は年4回に精選する

✦ ICTを活用し会議を減らして，学校運営を効率化する

職員室で教師が仕事できる時間は一日にわずか30分ほどしかありません。わたしが勤務したある学校の勤務時間の内訳はおおよそ次のとおりでした。

8時15分	出勤・児童登校
8時20分	教室へ
15時30分	児童下校
15時45分	休憩開始
16時30分	休憩終了
16時45分	退勤

このような勤務時間の学校が多いと思います。

朝，教室に向かった先生たちは，その後職員室に戻ってくることはほとんどありません。子供のいる時間は常に子供に寄り添っています。これは，当たり前のことのように思えますが，実際に一人で行うのは本当に大変なことです。

そして，子供と離れて，教師がじっくり仕事ができる時間は，放課後の30分しかありません。これでは全く時間が足りません。

休憩時間は15時45分から16時30分までありますが，実際にはこの時間に休むことはできません。この休憩時間の45分を仕事に費やし，さらに残業することになります。

2006年度の「教員勤務実態調査」によれば，小中学校の教師の1ヶ月あたりの残業時間は，平日で約34時間あり，1966年に調査した8時間の4倍以上

になっています（2016年度の同調査では，教師の勤務時間は，2006年度よりもさらに増加）。

　わたしが就職した1982年頃には，まだ少し余裕がありました。授業と授業の合間に，職員室に戻ってお茶を飲み，実質的に気分転換することもできたのです。しかし，今は全く違います。子供から目を離している間にトラブルが起きると，あとあと大変面倒なことになりかねません。びくびくしながら仕事をしている先生も多いのです。そして，クタクタになって職員室に戻っても，休憩すら取れないのです。

　放課後の時間は，30分。

　この中に，どうやって仕事を凝集するか。

　根本的な解決は，教員の定数増などを待つしかありません。しかし，それを待っている間に先生たちの具合が悪くなっては大変です。

　学校にできる小さな改善のポイントはここにもあります。

　会議を減らすのです。

　学校の会議には，改善すべき点がたくさんあります。

07 職員会議は年4回

　職員会議は，年4回で十分です。

　校務支援システムなどICTを十分に活用し，日常的に実質的な情報共有の機会をつくることで，職員会議は大幅に減らすことができます。

　毎月1回の職員会議を行っている学校がまだたくさんあると思います。単純に12回の職員会議を4回にするだけでも大幅な業務削減です。それも，春休みに2回，夏休みに1回，冬休みに1回の計4回にするのです。子供の長期休業期間中に実施すれば，時間も余裕をもって取れます。そして，その職員会議も「職員会議90M」（90Mは90分間を示す）として，時間のめどを明示するとさらに効果的・効率的に実施できます。

　1回の職員会議には，通常複数回の下部会議が行われます。例えば，職員

会議の前に行事部会，さらにその前に行事部儀式係打ち合わせをするというようになりがちです。ボトムアップ的に積み上げていくのはよい面もありますが，時間が大幅にかかってしまいます。そこで，まず本体の職員会議を年4回，しかも長期休業中とすることで，下部会議も含めた大幅な時間削減が可能となるのです。

4回で済ませるためには，もちろん工夫が必要です。

第一に，毎週1回の「職員連絡会15M」を設定します。

職員朝会を全廃，そして，「職員会議90M」を年4回と「職員連絡会15M」を毎週1回放課後に15分実施するのです。15Mというのはもちろん15分のことです。15分というめどをもってこの会議を開催します。

時間は短くとも，毎週打ち合わせが可能となりますので，情報の共有はむしろ密になります。1ヶ月に一度や2ヶ月に一度の職員会議では，間が空きすぎて，むしろトラブルが起きることもありました。それを補う職員朝会は時間が短すぎて議論のしようがありません。

まず，校務支援システムで，毎日情報共有する。連絡や疑問は，こまめに校務支援システムの回覧板などで日々共有する。さらに，週1回の職員連絡会15Mで全体打ち合わせを行う。このリズムで，学校運営は非常にスムーズになります。

第二に，「活動しながら議論し修正する」という仕事のリズムを大事にすることです。

これまでの「全員を拘束して会議を行い，しっかり議論し，納得してから行動する」という流れには問題があります。うっかりすると「一人でも納得しない人がいれば決められない」ということにつながりやすいのです。職員会議が事実上の議決会議になっている学校はまだまだ多いのではないでしょうか。これでは，スピード感をもって，時代の変化に合わせて学校を変えていくことは不可能です。

議論だけでは，現場の問題は解決できません。

まず重要なのは校長による経営方針の明示です。そして，年4回の職員会

議で大まかな共通理解ができれば，あとは毎週の職員連絡会での修正で十分学校運営は成り立ちます。むしろ日常的な細やかな打ち合わせが充実して，学校運営の質が向上します。

　もちろん，みんなの考えに耳を傾けることは重要です。しかし，それは全員を拘束した会議でなくても十分できます。

 原案は，前年度のデータを十分に使う

　年4回の職員会議90Mや週1回の職員連絡会15Mでこうしたことが可能になったのは，ICTの力を活用できるからです。

　公的なコンピュータが整備され，それがLANでつながれたことで，議論に必要な情報は常にサーバーで共有され，誰でも見つけやすく利用しやすい状態になりました。

　これによって，まず，原案作成が非常に簡単になりました。前年度のファイルをすぐに探せるので，係で「昨年はどうだったのか……」と頭を悩ますことは少なくなります。

　さらに，作成された新たな提案をいつでも見ることができます。それどころか作成途中の案も，校務支援システムの回覧板などで直ちに共有することができます。悩んでいることがあれば，回覧板で相談し，修正意見をもらうことがいつでも可能なのです。

　つまり，これまでの1時間そこそこの職員会議では気づかなかった問題さえも，いつでも相談可能なのです。ICTを活用することで，常に情報がオープンに共有され，常に修正される状態が可能となったのです。

　長々と挨拶が続く，重々しい会議で議論するのではなく，ICTで日常的に情報を共有し，さらに活動しながら修正をしていく方が数段効率的です。

09 経営方針と小さな企画会議で議論を活性化

「職員会議が4回では，議論が不十分なのではないか」という質問をいただくことがあります。これだけを見ればまさにそう感じるのも無理はありません。

大事なのは，まず大前提としての学校長の経営方針の明示です。

これは，重点を示すとともに，必要に応じて具体案まで踏み込むことが大事です。これについては，すでに多くの校長が行っていることと思います。わたしは，年度初めはもちろんですが，2学期や3学期の初めにも経営方針の重点を提示してきました。

次に，小さな企画会議が重要です。

現在の勤務校では，校長，教頭，主幹，教務主任による企画会議を毎週1回開催しています。ここでは，2週先までのスケジュールを確認し，全校の課題について議論します。1時間程度の会議ですが，ここで最も重要な情報が共有されます。

さらに学年主任による学校運営委員会も月に一度開催しています。いじめや不登校の問題についても，ここで徹底議論します。

一番時間を取っているのは，学年の打ち合わせです。実質的な議論の時間は非常に重要です。そこで問題に気づけば，直ちに担任外チームも一緒になって対応します。必要であれば，全体でも問題を共有します。

20～30人が集まる大きな職員会議では，議論のしようがありません。どんな組織でもこれは当然のことです。実質的な議論の場を確保する，しかるべき責任のある立場の職員が，本気の議論をする，これが一番大事です。

以前，ある先生に「職員会議は4回で大丈夫？」と聞いたことがあります。こんな答えが返ってきました。

「正直に言えば，最初は戸惑いもありました。でも，その戸惑いはいつの間にかなくなりました。学年で打ち合わせができる時間が多いですし，問題が出てくればすぐに修正できるので大丈夫です」

職員会議を年4回に減らすことは，議論にフタをすることではありません。むしろ逆で，日常の議論を活性化するのです。

　経営の重点を明示し，情報を常にオープンにし，学年打ち合わせなどの小さなディスカッションの時間を増やす。人数が少なければ議論は充実する。声の小さなスタッフの意見にも耳を傾けることができます。つまり形式的な会議を減らし，実質的な議論を増やすことが大事なのです。

 ## 管理職の「ふらふら情報収集」の意味

　コミュニケーションの充実には，校長や教頭が動くことも大事です。

　会議だけでは，実質的な議論はできません。職員室の中にどんな困りがあるのか，どんな情報があるのか，管理職が先生たちの席に足を運び，自ら情報を収集することも大事ではないでしょうか。校長室に情報が上がってくるのを待っていては，問題が発覚したときには，もはや手遅れということも多いものです。

　管理職がメモを持って硬い表情で先生たちの側に行っても迷惑この上ないでしょうから，何も持たずに空手で行きます。言わば「ふらふら情報収集」です。

　この「ふらふら情報収集」にはよいことが3つあります。

　まず，先生たちの話を聞くことは本当に楽しいものです。先生たちの子供自慢の話は，なにより最高です。子供の育ちは，担任の先生が味わえる最高のご褒美です。それをお裾分けしてもらうためにふらふら出かけている……のが本当のところかもしれません。日本の小学校の先生は，本当にすごい。これほど多くの子供たちに，すべての教科を教え，給食，掃除，休み時間の指導までしている。このがんばりに耳を澄ますことは，管理職の務めであり，最大の喜びです。

　第二に，小火を早めに発見できます。事件はいつも現場（教室）で起きています。それも，目立たない小さな形で起きているのです。経験の少ない若

手の場合，起こっている出来事がどの程度の重要性があるのか判断できないこともあります。その場合，待っているだけでは情報は管理職の耳に入ってくることはありません。報告が上がってきたときは大火になっていることもあるのです。「ふらふら情報収集」で危険を察知したら，直ちに消防車を百台投入するぐらいの勢いで問題解決にあたります。子供と先生たちを守るために管理職のアンテナはいつも張っていなければなりません。

　第三に，職員会議などでの新しい提案の相談を事前にできるというよさがあります。企画会議や運営委員会で徹底的に議論しても，みんなの声とは異なることもあります。どんなことに違和感を感じているか，どんなことに本当の困りがあるのか……日常的な会話の中から探りたいのです。ちょっとした会話の中から，先生たちの疑問に気づき，経営方針を修正したり，より詳しく説明をしたりすることは，とても大事です。フランクな意見交換だからこそ，互いの本音が伝わるのです。

11　反省は，即日，立ったまま行う

　みなさんの学校では，大きな行事の反省をどのように行っているでしょうか。わたしの経験では次のような反省の仕方が一般的でした。卒業式を例に説明します。

①卒業式の数日後に全員に反省用紙が配られる。締切までに各自が気づいたことを書き込み，係に提出する。

②係は，集まった数十枚の反省用紙（手書きとコンピュータでの入力が混在）の内容をすべて反省記録にまとめる。この段階で締切に遅れる人がいるのでなかなか集まらず，係は，何度も職員朝会で呼びかけ大変苦労する。

③それをもとに，行事部卒業式係の会議が開かれ，議論し反省案や改善案をまとめる。

④次に親部会の行事部会でさらに議論が積み重ねられる。ここで紛糾する

と，もう一度係で議論し直しになることもある。
⑤反省改善原案は，校長・教頭に示される。しかし，これまでに積み上げてきた係の苦労を思うと，校長・教頭はなかなか意見を言えず承認となる。
⑥こうしてようやく完成した反省改善案は，職員会議で提案される。しかし，職員会議では改めて様々な意見が続出し，結果的に差し戻しになったり，意見が割れて，結果的に前年度どおりになる。

こうした一連の流れには，膨大な時間がかかります。わたしの経験では，3月の卒業式の全体反省会が，次年度の夏ということもありました。

そして，多大な手間と時間をかけたのに，それがほとんど水泡と消えることもあったのです。さすがにここまで極端な例は減っているとは思いますが，似たような事例はまだまだ多いのではないでしょうか。このような進め方は丁寧かもしれませんが，効率が悪すぎます。

運動会や卒業式の反省は，その日のうちに行うことができます。

反省用紙への記入は一切しません。行事終了後，係の担当者と改善すべき事項に気がついた人たちが職員室の片隅に集まる。そこで立ったまま議論するのです。今行ったばかりの行事なので，各自の記憶もはっきりしていて議論はコンパクトで充実します。そして，担当者は，その場で話しながら重要な内容をコンピュータに打ち込むのです。さらに，その場で直ちに次年度の

写真7　スタンディング反省

改善案を決め、校長・教頭との相談を行います。多くの場合、改善案はそこで確定し、翌週の職員連絡会15Mで報告して終わりです。大きな変更が必要になれば、全員の意見を再度求めることになりますが、経験からいえば、そんな大事はまずないと言っていいでしょう。

運動会にしろ、卒業式にしろ、大きな行事ほど長年の先輩の英知によってほとんど基本形は完成されていることが多いのです。小さな改善は、即決できる程度のものしかないと言ってもいいでしょう。

このようなスタンディングの反省会で改善を積み上げれば、放課後の会議はさらに減らせます。

ペーパーを使わない方が効率的に情報共有できる

「職員会議はペーパーレスですか」とよく聞かれます。

「ペーパーレスでもあり、ペーパーレスでもない」というのが答えです。

基本はペーパーレス。でも、各自が必要だと思えば、自由に紙に印刷してよいのです。

年間計画について検討する春の職員会議90Mには、100ページ程度のPDFファイルが共有されます。かつては、これを40人分印刷して、一冊に綴じていたのです。それだけでも半日かかる大仕事です。短期間で新年度の準備をしなければならない春休みにこの作業は本当に大変でした。しかも紙代、印刷代のコストも結構かかります。

PDFでの共有は実に簡単。ICTの威力は絶大です。校務用コンピュータのおかげで本当に効率的になったと実感します。せっかくこんなことができるのに、いまだに紙で提案という学校もあると耳にします。わたしも紙が大好きですが、慣れの問題ではないでしょうか。

ペーパーレスの本当の価値は、他にもあります。

まず、各自がフラットファイルに保存する必要がないということです。

かつては、資料に穴を空け、フラットファイルに各自で保存したものです。

ところが，どのファイルに保存すべきか悩んだり，結果的にあとで探すときに分からなくなったりしたこともよくあったものです。
 今は，サーバーの決まったフォルダにデータで資料が保存されていますので，自分で保管する必要がありません。さらに，コンピュータには優れた検索機能がついていますので，すぐ必要なデータを発見できます。写真のデータも共有されています。「実際どうやっていたのか」が記録写真でたちどころに分かるのですから本当に便利です。子供の活動の変容を確かめたいときにも非常に使えます。
 一番重要なのは，「あらゆるデータはみんなの共有財産」という意識です。
 業務上作成された資料や写真は，組織の共有財産です。
 これまで各自のファイルや私物コンピュータに保存されていた時代は，「自分の資料」という意識が強くありました。提案物は，担当者が替わると，全部一から作り直すということさえありました。
 ICTによるペーパーレスでの業務進行は，教師の意識をチーム的なものに変えつつあります。これで，業務が効果的・効率的に行われるようになります。これがペーパーレスの最大の価値ではないでしょうか。
 ペーパーレスのこの本質を理解すれば，形式的な対応（印刷禁止）もなくなります。必要なときに各自の判断で印刷することも全く問題ないのです。要は，業務の無駄を省き，子供ファーストの意識を貫くということなのです。

13 知らせる努力・知る努力

 これは，教頭時代に，当時の校長から教えていただいた言葉です。
 組織での議論を深めるためには，上司部下という立場を超えて，いつも互いに自分の考えを知らせる努力をし，また相手の考えを知る努力をしなければならないという意味です。これは，本当に素晴らしい考え方です。
 職員会議という限られた場での議論は本当に難しいものです。会議を短くするためには日頃のコミュニケーションが十分でなければ，共通理解するこ

第2章 ICT＋αで学校の日常を改善するアイデア

とはなかなか難しいものです。そのために互いに知らせる努力・知る努力をすることが大事なのです。

　経営方針を出したり，校長自ら「ふらふらと」情報を取りに行ったりするのは前述のとおりです。

　他にも，できることがあります。

　まず，日常的に経営方針を補う「校長通信」を発行するのです。折に触れ，経営方針の具体像を文章で語ります。職員会議は年に４回，週１回の職員連絡会も15分となると，校長が話をする機会も限られます。そこで，「校長通信」というわけです。校長通信は，私の勤務校では，以下のような「屯」というタイトルで発行しています。これを年間30回ぐらい発行しています。

図１　校長通信「屯」

　みんなが時間のない中で一生懸命読んでいる姿を見ると本当にありがたいなと思います。そして，１年ぐらいの間にじわじわと経営方針が染み渡っていくのを感じます。こうして，経営方針が染み込んでいけば，職員会議に長々時間をかける必要はさらに少なくなります。

　次に，新聞記事などをもとに，タイムリーなニュース解説を発行します。新聞は極めて大事です。そこには市民の声が満載されています。わたしたちは謙虚に耳を澄まさなければなりません。そこで，そうした記事にミニコメ

ントを加え，「このニュースの意味を理解し，姿勢を正しましょう」と呼びかけるのです。

　校長室の扉を閉めないのも「知らせる努力・知る努力」のためです。正確にいえば，卒業式と入学式の前に礼服に着替えるときだけは閉めています。普段は閉めない代わりに，校長室の入口には少し長めののれんを掛けています。

　のれんは，とても便利です。境目をはっきりと示しているのですが，決して排除的ではありません。たった1枚の布ですが，プライバシーもある程度守られます。

　人事などの相談事や学級のトラブルについての相談も当然ありますが，基本は閉めません。むしろ，例えばA先生が校長室に入って，扉が閉まれば，それはA先生の人事か重大トラブルの相談と明らかに分かってしまうのではないでしょうか。小声で話せば十分に話はできます。トラブル時の対応では，むしろ「公開されている」という抑止力にもなります。

まとめ

①放課後の教師の時間は30分程度しかないことを強く自覚する。
②ICTを活用したり，小集団による議論を活性化したりすることで，職員会議は年4回まで減らすことが可能である。しかも，夏休みなどの長期休業中に行えばさらに効率的である。
③特に行事などの反省は，終了後即座に実施することで効果は上がり，業務の削減になる。
④ペーパーレスの本当の意味は，チームとしての仕事という意識を高めることにある。
⑤日常の「知らせる努力・知る努力」が共通理解のためになにより大事である。

第2章 ICT＋αで学校の日常を改善するアイデア

3

問題意識 ▶ 学校経営に必要な情報が効果的に集まっているか？

ICT＋αで
全校の状況を把握する

✦ 適切な経営判断には，幅広い情報が必要

　適切な学校経営を行うには，なんといっても情報の収集が大切です。多面的で正確な情報がタイムリーに入手できなければ，正しい経営判断をすることはできません。

　セキュリティの確保を大前提として，今ある校務支援システムを活用し，さらにそこに＋αのアイデアを入れることで，より確かな学校経営を実現することができます。アナログ感満載のアイデアも含めご紹介しましょう。

 14 　9時30分に全児童の健康情報を共有

　毎朝9時30分に950人の健康情報を共有しながら学校運営をしたことがあります。

　養護教諭が，その日の全校児童の出欠席と健康状態を校務支援システムで集計，9時30分にその情報を職員室スタッフみんなで共有したのです。

　次ページの写真8は，そのときの様子です。養護教諭を中心に，校長，教頭，教務主任，保健主事などが集まっています。インフルエンザなどの感染症の広がり，欠席が続いている児童の把握などがすぐにできます。問題が深刻化する前に，みんなで気づくことができるのです。困っている子供たちのことを決して忘れないのは当たり前のことですが，それをデータをもとに学校ぐるみで継続できたことは非常に大きな意味がありました。

　こうした毎日の情報共有の積み重ねのおかげで，感染性胃腸炎の予兆を早

写真8　健康情報共有

期に把握したことがあります。毎日情報を共有しているので，ちょっとした変化にも気がつけるようになるのです。

　このときは「お腹の調子が悪い子が増えている」「激しい嘔吐をする子がいる」この情報から，何かおかしいと感じたのです。この予兆の段階で，学校医や市教委に「もしかしたら感染性胃腸炎が広がっている可能性がある」と一報を入れました。翌朝，学校医の病院に行った児童からウイルスが確認され，即座に休校措置を取りました。事前の一報があったせいか，市教委の対応も極めて迅速でした。すぐに専門の企業による全校の消毒を行い，感染の拡大を最小限にとどめることができたのです。学校のホームページなどを通じて保護者への連絡も迅速にできたため，問い合わせやクレームは一切ありませんでした。

　ICTを活用することで，大規模な学校でも健康情報の共有が容易になりました。そして，さらに＋αのアイデアで毎朝情報共有することで，経営の質が向上したのです。

出欠席情報と健康情報は同時に入力

　前項で述べたとおり，児童一人一人の出欠席情報と健康情報の把握は，学校経営の根幹とも言える大切な仕事です。これまで，学校でこれらの情報を

タイムリーに把握するのはなかなか難しいことでした。しかし，ICTの活用でこれが可能になります。この運用を詳しくご説明しましょう。

まず，担任が教室で毎朝健康観察を行います。紙の健康観察表に，当日の欠席，遅刻，体調の悪い児童の様子を記入するのです。それまで，担任は，健康観察表への記入に加えて，出席簿に出欠席情報を記入しなければなりませんでした。それを健康観察表への記入だけにしたのです。朝の忙しい時間の担任の仕事が一つ減ったことになります。

健康観察表は，係児童がすぐ保健室に届けます。

保健室では，養護教諭がその健康観察表をもとに，校務支援システムの出席簿に出欠席と健康状態の情報を同時に入力するのです。29学級950人の児童の入力ですが，欠席・遅刻している児童と具合の悪い児童に関する情報だけなので，30分程度の時間で終えることができます。

写真9で児童が手にしているファイルが，教室で記入された健康観察表です。一人一人の児童名が掲載され，そこに当日の健康状況が記入されています。出欠席や遅刻などの状況も記入されています。

これまでは，出席簿と健康観察表の入力や集計は別々に行っていたのですが，校務支援システムを活用することで一本化できるようになったのです。養護教諭の仕事が特別増えたというわけではありません。養護教諭は以前は独自に，紙や一般的な表計算ソフトで集計していましたので，その仕事が置

写真9　保健室で出欠席情報と健康情報を一度に入力

き換わったということになります。

　これによって，出力される情報の質がぐっと向上しました。

　学級ごとの人数の出欠席情報だけでなく，何年何組の誰が出席・欠席・遅刻・早退予定なのか，そしてその理由まで整理・集計することができるようになったのです。

　校務支援システムによっては，その子が連続何日欠席なのか，累計何日欠席なのかという情報も合わせて出力できるものもあります。「〇〇君は欠席が続いているけど，大丈夫かな？」「担任と保護者の連絡は大丈夫かな？」と気にすることができるのです。

　校務支援システムを導入しただけではこうなりません。「朝，養護教諭が，校務支援システムに入力する」というアイデアが大事です。今までの慣習にとらわれ，出欠席の入力は担任の仕事と考えるとせっかくのシステムを活かせないのです。

　もちろん担任は，出席簿の管理に責任を負わなければなりません。担任がこの重要な公簿の確認と整理をするのは放課後になります。放課後に自分の手元の校務支援システムで確認します。朝とは状況がちょっと異なることもあります。途中で早退したというような場合です。

　こうした朝の時点と放課後の時点での確認は今までと変わりありません。紙の出席簿でも，早退の児童，遅刻が欠席に変わった児童などを修正することが必要でした。

　さて，こうした方法を面倒に感じる方もいるでしょう。

　教室でタブレットPCから出欠席，健康状況の入力をしたいと思う方が多いと思います。私もその一人です。しかし，セキュリティの問題や，経費の問題から現実はなかなかそうなりません。

　しかし，あきらめることはありません。理想への道は一歩一歩進むことです。今あるシステムに＋αのアイデアで補うことで，着実に前進することが大事だと思います。

「ほけんしつカード」で担任も保護者も安心

　養護教諭とのコミュニケーションが深まった結果，新しいアイデアが生まれました。それが次ページのような「ほけんしつカード」です。

　保健室には毎日たくさんの子供が訪れます。養護教諭や担任の話を聞くと，一番気を使うのは，子供の体調や保健室での処置について，養護教諭，担任，保護者が過不足なく情報共有することでした。以前は口頭での情報共有が主でしたので，同時にたくさんの子が押し寄せるような場合には，情報共有が不十分ではないかとひやひやすることもあったのです。

　子供の健康に関する対応は「100点満点」でなくてはなりません。

　お預かりしている大事なお子さんの体調について学校内での情報共有が不足していたり，保護者への連絡に漏れがあったりしてはならないのです。ここで不備があれば，子供には大変つらい思いをさせることになりますし，保護者の不信を招きかねません。

　養護教諭は，ミスが起きないように，自作の保健室カードを印刷し，昔ながらの黒いカーボン紙をはさんで複写していました。複写された2枚のカードを，担任と保健室で共有し，同じ情報を確実に連絡できるようにしていたのです。カーボン紙はぼろぼろで，苦労の跡がにじんでいました。

　これは大変だと直感。すぐに養護教諭と相談し，改めて様式を検討，ノーカーボン紙の伝票として，印刷屋さんに発注しました。

　このほけんしつカードは，その後近隣の学校に広がり，現在では「複写式来室記録用紙　ほけんしつカード」（少年写真新聞社）として，全国で使われるようになっています。

　右側のカードは青色で，内科的な処置をしたときに使います。左は白で，怪我などの対応をしたときのカードです。このカードには，どんな症状，どんな怪我だったのか，いつどこで起きたことなのか，保健室での処置の内容，保護者への連絡内容などを記入します。記入と同時に複写されますので，それを養護教諭と担任が1枚ずつ持ちます。こうすることで，同じ情報が確実

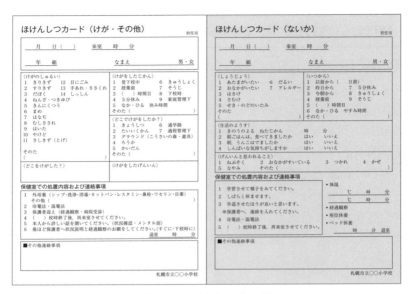

図2 ほけんしつカード

に共有され，保護者への連絡もより確かなものとなります。

将来的には，養護教諭のコンピュータと担任のコンピュータ，管理職のコンピュータがセキュアに連携し，リアルタイムで情報共有できるようになることでしょう。保護者への連絡が1時間以上遅れるとアラートが表示されるなど，ICTでミスを防ぐことができるようになる時代は近いと思います。

17 連絡なしで登校が遅れている児童を把握する

欠席または遅刻なのに，学校に連絡をいただけない場合が時々あります。

親御さんも朝は大変なのだと思います。共働きの家庭の朝の慌ただしさは察して余りあります。具合の悪くなった子供の手当を夢中になってしているうちに，つい連絡が遅くなることは十分想定できることです。

とはいえ，学校は，連絡のない児童をそのまま放置しておくことはできません。

「たぶん，具合が悪いのだろう……」という予測が本当にそのとおりなら問題ないのですが，万が一，通学途中に何らかの事故があったとしたら，大変なことです。

そこで，Ａ５判の「連絡票」を作りました。

担任は，朝教室で出欠席を確認します。そのとき，連絡なしで欠席（遅刻）の児童について，職員室に欠席（遅刻）の確認をこの連絡票で依頼するのです。係の子供が，この用紙を職員室に届けます。連絡票は，教頭の後ろの重要情報共有黒板（p.59で詳述）に掲示され情報が共有されます。それをもとに，職員室の担任外の教師がご家庭に電話して，事情を確認します。

保護者と連絡がついて「うっかりしていました。発熱したので休ませます」とか「自分で学校に連絡をするように言っておいたのですが」ということであれば，ほっとします。そして，この情報は直ちに担任に伝えられるとともに，この連絡票には連絡済みの印がつけられることになります。連絡済みの印がつかない限りは，何度も連絡を繰り返します。どうしても電話で確認できない場合には，家庭訪問を実施します。それで連絡がつかない場合は，警察への相談も検討します。

似たような仕組みは，どの学校でも行ってきましたが，今のところはこの連絡票式が一番確実だと思います。

このように担任のサポートを手厚くできるのは，校務支援システムの活用で職員朝会を廃止しているためです。職員朝会がない分，担任も担任外教師も，子供の対応に集中できるのです。

いずれは教室の教師用コンピュータ等で入力された出欠席情報が共有され，連絡なし児童が赤くアラート表示されるという時代になるかもしれません。

マークシートを活用し学校評価をコンパクトにする

学校の経営判断で最も重要なのは，学校評価です。

しかし，この学校評価に時間と労力をかけすぎる傾向はないでしょうか。

評価そのものに時間がかかったり，議論はするけど実質的な改善が進まなかったりすることもありました。どうすればよいのでしょうか。

　学校評価の最初の段階で行う保護者・児童・教職員を対象としたアンケートは重要な意味をもちます。この１年間行ってきた教育活動が納得のいくものであったかどうか，アンケートには，はっきりとした結果が出ます。つまり，学校経営の総決算です。

　この大事な学校評価のアンケートを大規模校で行うのは，大変な時間と労力を伴います。

　そこで，マークシートを使うことにしました。

　今では専用機がなくともマークシートを簡単に読み取ることができます。シートそのものを印刷することも可能ですし，シートだけ専用紙を購入することも可能です。読み取りは一般的なスキャナーで十分できます。学校に導入されているコピー機には，立派な自動スキャン機能がついています。これを活用すると非常にスムーズです。集計のソフトウエアは，ネット上に無料で提供されています。これを活用すれば担任の先生たちの手間暇を少しでも減らすことができます。担任教諭が，年末年始の慌ただしいときに，集計に追われる必要はないのです。

　このアンケート結果をどう使うか。ここにもアイデアが必要です。

　いただいたすべてのご意見にしっかり目を通すのは当然ですが，全部のご要望にお応えすることは無理です。現代の保護者の価値観は，本当に多種多様です。全く方向性の違うご要望が学校に寄せられることは普通のことです。

　したがって，集計結果をもとに，大まかな傾向を見定めることが重要になります。集計後のデータをもとに，良い評価が多い項目と悪い評価が多い項目を分別して，改善案を検討していくことにします。

　例えば次のような方法で課題を整理し，次年度計画につなげたことがあります。

　　A【大改善】
　　　保護者も教師も改善が必要という意見の多いもの。

→各担当部が改善案をつくり，学校評価全体会で議論する。
B【小改善】
　改善の意見がやや多いもの。
　　→各担当部が原案をつくり，学校評価全体会で報告する。
C【継続】
　満足度の高いもの。
　　→紙面等での報告のみで，学校評価全体会で取り上げない。

　アンケート集計ができた段階で，学校評価委員会でこのように整理することで，学校評価全体が非常にコンパクトなものになります。特に学校評価全体会がすっきりします。全部の項目について議論する時間はありません。重要な課題に焦点をあて議論することで，明解な学校経営が可能となるのです。

　ICTの力を活用し，迅速にアンケートを処理し，まず数値で学校をとらえることが大事です。さらに，それを整理して，根拠のある学校評価をすることで，保護者や地域の声に応える学校経営が可能となります。校長の経営方針も，より幅広い視点からの吟味を経たものとなります。さらに，1年間の大きな運営サイクルが実現できることで，余裕も生まれてくるのだと感じています。

19 不要になった行事黒板を「重要情報共有黒板」に変える

　多くの学校では，職員室の教頭席の後ろに行事黒板があります。そこには，「今日の予定」「明日の予定」が書かれているのが通例です。子供の動きに関する予定はもちろん，教職員の出張や出退勤の動向，来客の予定など大切な情報が満載。これをもとに学校が動いているのです。
　こうした情報は，校務支援システムに全部掲載できます。
　それでは，校務支援システムを導入後，この教頭席後ろの行事黒板をどう運用すればよいのでしょう。実は，この優れたシステムが入っても，「行事黒板はこれまでどおり」という学校が非常に多いのではないでしょうか。

校務支援システムの導入に伴い，職員朝会を全廃することはすでに述べました。ここでは，行事黒板をどうするかについてご紹介しましょう。
　簡単に言えば，行事黒板を下の写真のような「重要情報共有黒板」に変更するのが非常に効果的です。
　この重要情報共有黒板の目的は，次の３点です。
　・全教職員で共有すべき重要な情報のタイムリーな可視化
　・危機対応状況の記録化
　・危機管理意識の日常的な向上
　つまり，重要情報共有黒板とは，学校の危機管理の要となる重要な情報共有の場なのです。
　重要情報にはどんなものがあるでしょうか？
【基本的な情報】
①日付
②天候
③児童在籍数
④修学旅行や校外学習など，その日の大きな行事の進行状況

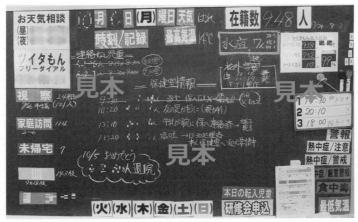

写真10　重要情報共有黒板

【危機管理的な情報】
①天気予報（警報，注意報，台風の進路など）
②食中毒や熱中症等にかかわる警報
③全校児童にかかわる感染症の状況，注意情報（インフルエンザなど）
④連絡なし未登校児童への連絡状況（確認が取れ次第，見え消し）
⑤首から上の事故への対応状況（事実，保護者・病院との対応状況など）
⑥重大事故発生時の時系列記録
⑦未帰宅児童を探すときのチーム編成と状況
⑧課題となっている事項の推移（例：食器の破損事故が続いている→累積枚数を記録表示）
⑨緊急連絡メールの加入状況（メールで連絡できない家庭の把握）
⑩その他，必要な共有すべき事項（入院児童の状況，転出入の状況，視察者の情報など）

「今，学校で何が起きているのか」瞬時に分かるのが，この重要情報共有黒板です。

　職員室に出入りする度に，みんながこの黒板を見て学校の今を把握します。また，臨時休校など重大な事案が発生したときには，この黒板の前に全員が集まり，対応策を立ったまま協議します。2018年9月の北海道胆振東部地震とそれに伴うブラックアウト（大停電）の際にも，この重要情報共有黒板は非常に役に立ちました。

　一番よく使うのは，首から上の怪我の対応状況の共有です。
・何年何組の誰が怪我したか。
・いつ，どこで，どんな怪我をしたのか。
・友達との関係はあるか，単独の事故か。
・何時に保護者への連絡をしたか。
・何時にどの病院に連絡したか。または，119番したか。
・病院での診察結果はどうか。
・いつ，どのように担任がアフターケアしているか。

・相手の子がいる場合，謝罪などの状況はどうなっているか。

　このような情報を刻一刻と箇条書きでメモしていきます。こうした情報は，一つでも欠けるとあとで大変信頼を損ねることになります。
　みんなから見えるところに書くことで，間違いや漏れがないかを複数の目で確認できます。
　「あれ，この事故のアフターケアはどうなりましたか？」
　「この後，担任が家庭訪問して，声をかけてから帰る予定です」
といったやりとりが可能となるのです。
　このように重要情報共有黒板の利用を始めると，わたしたちの危機管理意識はどんどん高くなっていきます。これまでは，管理職を中心とする数人だけで共有していた情報を全員で一斉に共有できることで，みんなの危機管理意識が変わるのです。
　この取組は，特段ICTを活用しているわけではありません。極めてアナログな泥臭い取組です。
　今日明日の行事予定は校務支援システムで共有する。そして，使われなくなった行事黒板に危機管理の新たな役割をもたせるのです。業務が削減された分，子供の命や健康を守るために本来必要であった重要情報の共有に力を入れたのです。
　ICTの導入は最終目的ではありません。そこにアイデアを付加することで，教育の質を向上させることこそが大事なのです。

🔧20　月予定は3ヶ月分を掲示

　行事黒板に書かれている情報の一つが「月行事」です。
　多くの学校で，今日明日の予定に加えて，横長の黒板に1ヶ月の予定がずらっと書かれています。これは先々の予定を共有するために非常に重要なものです。
　この月行事黒板は，主に教頭や教務主任がチョークで書くことが多いので

第2章　ICT＋αで学校の日常を改善するアイデア

すが，1時間弱はたっぷりかかる大仕事です。

　校務支援システム導入を機に，この仕事も何とか削減したいと考えました。

　校務支援システムでは，今日明日の予定，1週間の予定はもちろん，1ヶ月でも1年先でもどんどん予定を入力可能ですし，見ることもできます。

　しかし，1ヶ月程度の情報を「みんなで」「一覧」するのは難しいのです。情報は入っていても，ディスプレイの大きさは限られているのでやむを得ません。行事黒板全体が大きなディスプレイであれば可能ですが……，それは遠い先の話でしょう。

　そこで，元々作っていたＡ4判の月行事予定表（表計算ソフトで作成）を，白黒でＡ1判に拡大印刷して掲示することにしました。

　下の写真11のように，3ヶ月分の行事予定を拡大印刷して掲示するのです。

　例えば，10月には，10月，11月，12月の3ヶ月分の行事予定を掲示します。10月が終われば，翌年1月の分が追加されます。常に3ヶ月分をみんなですぐに見られるようにしておくのです。

　この3ヶ月行事予定の前で打ち合わせをすると，課題を早めに発見でき，経営判断にも余裕が出てきます。そうすることで，教職員みんなが自然と先々のことを意識するようになります。早めの対応で，仕事にも余裕がもてるのです。

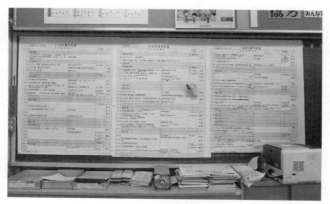

写真11　3ヶ月行事予定

この掲示板のところには，マーカーを常時置いておきます。一日の終わりには，その日の項にマーカーで斜線を引き，無事一日が終えられたことを確認します。

　先々の課題を発見し，スケジュールを変更したときには，赤で変更を記入します。こうすることで予定の変更も可視化され，スムーズな運営が可能となるのです。

まとめ

①ICTを活用すると，経営判断に必要な情報をこれまで以上に幅広く集めることができる。

②校務支援システムを活用し，養護教諭が出欠席情報と健康情報を同時に入力することで，質の高い健康管理情報を得ることができる。その情報を，朝のうちに管理職も共有することで，全校の健康管理の質を向上できる。

③「ほけんしつカード」で，児童の怪我や健康状態について担任と養護教諭が適切に情報を共有し，保護者に確実に連絡できるようになる。

④マークシート方式を導入することで，より負担が少なく，保護者アンケートを実施できる。これによって経営判断がより適切になる。

⑤校務支援システム活用により使わなくなった今日明日の行事予定黒板は，「重要情報共有黒板」として再利用する。重要な情報，特に危機管理にかかわる情報が常に共有されることで，学校全体の危機管理能力が高まる。

⑥月行事予定は，拡大印刷機を使い3ヶ月分を掲示する。先々の情報を見える化することで，よりスムーズな学校運営が可能となる。

4 問題意識 ▶「手書きがいいな」という親心にどう応えるか

学校と家庭で作る6年間通知表

✦ 大事なことは通知表の改善，デジタル化じゃない

　最近は，手書きの通知表はかなり減ったのではないでしょうか。校務用コンピュータなどを使ってデジタル化された通知表が増えていると思います。ただし，手書き時代の形式をそのままデジタルにしただけという例が多いようです。

　これでは，ちょっともったいない気がします。

　そして，今でもデジタル化に踏みきれない学校も残っているようです。「通知表をデジタル化すると手書きの所見がなくなり残念です」という保護者の声に懸命に応えているのだと思います。

　「手書きがいいな」という親心の真意は何でしょうか？

　それは形式としての手書きがよいというより，通知表は大事なものだという気持ちがあるのではないでしょうか？「通知表は，子供の育ちの証，一生大切にする大事なもの，心を込めて作ってほしい」という願いがあるのではないでしょうか。

　学期末に持ち帰った通知表は仏壇に供え，がんばりを報告する家庭。

　結婚するときに持たせるために大切に保存している家庭。

　多くの家庭で通知表は別格の扱いを受けているように思います。特に，小学校の通知表は，特別な扱いを受けているのではないでしょうか。

　このように通知表を大事に思う気持ちは本当にありがたいことです。この気持ちを大切にして通知表の改善を図りたいものです。単にデジタル化しただけではなく，デジタルならではのよさを活かし，アナログ時代よりもよい

通知表を作ればよいのではないでしょうか。
　ここでは，保護者の期待に応える通知表改善の小さなアイデアをご紹介します。この新しい通知表の基本コンセプトは，次の３点です。
　　・子供の育ちを長い目で見る「６年間通知表」
　　・学校と家庭で作る，世界に一つの「MY通知表」
　　・安全・安心な「渡しきり通知表」
　一つ一つご説明しましょう。

21　子供の育ちを長い目で見る「６年間通知表」

　「６年間かけて一つの通知表を作る」これが，一番大事なポイントです。
　わたしたちは，いつも次のようなことを保護者に伝えてはいないでしょうか。
　「子供の成長は長い目で見るといいですよ」
　「成績の良し悪しに一喜一憂しないことが大切ですね」
　こうした考えを通知表でも実現するには，どうすればよいのでしょう。
　そのためには，毎学期の子供のがんばりを表した通知表を６年間蓄積できるようにするのです。６年間のがんばりが最後には一つにまとめられる通知表を作るのです。
　まず，１年生のときにＡ４判のクリアポケットファイル（40ポケット）を用意します。前期・後期に分けて発行する通知表の場合，６年間で12回通知表を保護者に届けます。例えば，１回分がＡ４で６ページ（３ポケット使用）。その12回分をこのＡ４クリアポケットファイル一冊にまとめるようにするのです。
　これまでの１年ごとの通知表には，長期の成長の軌跡が見えにくい短所がありました。また，毎年新たに配られるため，散逸の可能性も大きかったのです。小学校６年間の通知表を全部揃えて持っている人は意外と少ないように思います。

第2章　ICT＋αで学校の日常を改善するアイデア

　この6年間通知表は，しっかりした一つのファイルにまとめられます。6年間かけて完成する通知表なのです。そこには，その子の6年間の奮闘の物語が確かに記されることになります。

写真12　クリアポケットファイルの6年間通知表

22　学校と家庭で作る，世界に一つの「MY通知表」

　「子供のよさや個性が多面的に見える通知表にしたい」
　「家庭と学校が協力して作る，世界にたった一つの『MY通知表』にしたい」
　これも，わたしたちが大事にした考え方です。
　教育基本法に立ち返るまでもなく，教育の第一義的責任は保護者にあります。
　通知表は学校が発行するものであることに変わりはありませんが，家庭で見える子供のがんばりも通知表に反映できたら，より厚みのある温かい通知表にすることができます。
　6年間通知表のために用意したクリアポケットファイルには，6年分の学校からの通知表を入れてもまだ余裕があります。そこで，この残りの部分に家庭の通知表を入れてもらうのです。
　家庭の通知表といっても，面倒はありません。親子で話し合ってもらい，

成長の軌跡となるようなものを加えてもらうのです。
　例えば，運動会の賞状，塾や習い事でもらった賞状，自宅前の掃除や除雪のお手伝いの写真，漢字検定の証書，思い出の作文，先生に特別褒められたノートなど，自分の努力や成長が表れたものなら何でも OK です。
　学校でよく見えた成長，親の目によく見えた成長，子供自身が実感している成長は，一致していることもあれば，微妙に違うこともあるものです。それぞれの視点から見えた評価を一つの通知表にまとめるのです。
　これは，まさにポートフォリオ評価と言ってもいいかもしれません。多面的で厚みのある評価をすることで，自らの努力と成長をふり返り，自信を深めていくことができるのではないでしょうか。そして，その通知表はまさに世界に一つだけの「MY 通知表」となります。
　この「MY 通知表」こそが，その子の個性をよりいっそう光り輝かせ，自尊心を高めるのです。

写真13　家庭での記録も加えた，厚い「MY 通知表」

　この「MY 通知表」が実際にどう使われているか調べたことがあります。
　実際の使用状況は，わたしの想像を超えていました。
　各種の賞状はもちろん，1年生の春に学校で初めて書いたノート，異学年交流で上級生からもらった手紙，初めての100点だったテスト，活躍した学習発表会の台本，夏休みの自由研究の記録，学級委員の任命書，たくさんの写真など，様々な努力の証が保管されていました。

中には，小学校卒業後も使い続け，中学校の通知表までファイルに入れている家庭もありました。数年間使った通知表は，パンパンにふくれ上がっていたのです。

保護者にお話を聞くと，好評の声がいくつも集まりました。

「最初は，ポケットがたくさんあって使いきれるかなと思っていたのですが，実際には足りないくらいでした」

「6年間の成長や思い出を感じることができる，とっても大事なファイルになっています。ファイルにしてもらってありがたいです。お兄ちゃんのときからこうしてほしかったくらいです」

「通知表をもらう度に，前の方のファイルも見て思い返すことができます。その度に子供の成長を感じます」

「年度末に，子供と相談して残すものを決めます。思い出のものがなくなったり，見つからなかったりすることが減ったように思います」

この形式の通知表にしてから，「手書きの方がよかったのに……」という声をいただいたことは一度もありません。パンパンにふくれ上がった「MY通知表」には，親子の思い出と奮闘が詰まっているのです。

ICT活用を進める際に，こうしたアイデアを付加することでこれまでより一歩進んだ価値をプレゼントできるのです。

23 安全・安心な「渡しきり通知表」

通知表は，最も大事な個人情報と言っていいでしょう。その管理のために学校は，耐火書庫に保管するなどして，非常に気を使っています。

しかし，いろいろ努力しても，心配は尽きません。

夏休み，冬休みの後に，なかなか通知表が学校に戻らず，やきもきした経験のある教師も多いのではないでしょうか。

なかなか子供が通知表を持ってこないので，家庭に電話したら，「えっ，始業式の日に持たせましたよ」となり，青くなった教師もいると聞きます。

家庭で紛失したのか，学校で紛失したのかはっきりしないことがあるのです。コーヒーやお醤油の丸いシミがついてくるようなことは，笑い話となりますが，紛失となったら大変なことです。

　そこで，こうした問題を解決するために，ICTを活用した通知表に切り替えるのを機に，通知表を「渡しきり」にすることにしました。

　中学校や高等学校では，こうした渡しきりは当たり前なのではないでしょうか。しかし，なぜか小学校では学校に返却して保管するケースが多いようです。持ち運びのリスクを考えると，幼い小学生の通知表こそ，渡しきりにして各御家庭で保管してもらうのが一番よいのではないでしょうか。

　「渡しきり」にすることで，子供が通知表を持ち運ぶ機会は半分に減ります。つまり単純にリスクは半分になるのです。

　保護者は，家に届けられた通知表をクリアポケットファイルに保存します。こうすることによって，特に通知表が家庭から学校に戻ってくるときに多かったトラブルを大幅に減らすことができるようになります。個人情報の保護がより確実となるのです。

「プレミアムな通知表」にする

　「通知表は大事なもの」という大きな期待に応えるために，さらに工夫をこらすことができます。言わばプレミアムな通知表にするための2つの工夫についてご紹介しましょう。

　まず，表紙を特別なものにするのです。

　ある学校では，三十数年前の開校時の校長にお願いして特別な絵を描いていただきました。この先生は，北海道の美術界を長年リードしてきた「道展」会員。特別の思いで描いてくださった表紙は本当に素敵なものでした。

　退職後イラストレーターとしてご活躍の前校長に表紙を描いていただいたこともあります。退職時に在籍していた学校への思いがたっぷり入った表紙はみんなに本当に喜ばれました。

学校をこよなく愛する素晴らしい先輩や関係者に表紙をお願いすることで，表紙のクオリティは格段に向上します。このような温かい表紙のおかげで「他の学校にはないわたしたちだけの通知表だ」「いつまでも大事にしたい」という気持ちを子供にも保護者にももってもらえるのではないかと感じています。

もう一つの工夫として，児童の顔写真を毎年撮影し，掲載したことがあります。この写真も大変好評でした。子供の6年間の成長がはっきり目に見えて分かるからです。

1年生のときから，毎年子供の写真を撮影しそれを通知表に加えます。ぐんぐん成長していくその様子を写真でも見られるようにするのです。言葉や成績では表しきれない子供の成長を写真で見ることができるのです。

これも，保護者のみなさんには大変好評をいただきました。

ちょっとした工夫ですが，通知表の意味がより高まる工夫の一つです。

25 「個人情報保護袋」でさらに情報管理を徹底

通知表を渡すときには，「個人情報保護袋」を使います。

これまでは，大事な通知表なのに，そのまま裸で子供に持たせていました。デジタル化を機に，大事な通知表はしっかりと個人情報保護袋（氏名入り）に入れて渡すようにしたのです。

この袋は，A4判の通知表を折り曲げることなく入れられるような厚手の大きなものです。

学校ではこれに通知表を入れて子供に持たせます。家庭では，袋から通知表を取り出し，自宅にある通知表ファイルに入れ，個人情報保護袋だけを学校に戻すのです。袋が戻ってきたことで，確実に受領したこととなります。

この袋には「個人情報保護袋」と印刷しています。

この言葉のとおり，通知表以外の個人情報を受け渡しする際にもこれを使うのです。例えば，家庭環境調査や学力テストの結果など重要な個人情報の

受け渡しの際に使う袋として利用するのです。

　専用の封筒を使うことで，保護意識も高まり，学校も保護者もより慎重に取り扱うことになります。

　これまでは，個人情報をやりとりする際にその都度，新たに袋を用意していました。この袋を用意することで，同じものを6年間使用することになり，エコで安全な情報の受け渡しとなりました。

 評価研修日を設定する

　これまで見てきたように，通知表のデジタル化そのものが大きな目的となることはありません。大事な目的は，よりよい通知表を作るというその一点なのです。

　ICTを活用した通知表にするその機会に，子供にとっても，保護者にとっても，教師にとっても，よい通知表を作ることが大切です。

　「通知表をデジタルにします」と保護者に高らかに宣言する必要は全くありません。手書きが印字になることは，大きな問題ではなく，通知表の質の向上こそを保護者にも説明すべきだと思います。

　さらに，私の勤務校では，通知表改訂を機に，「評価研修日」を設定させてもらいました。

　この日は午前授業として，午後からは，評価の研修と作業にじっくりと取り組むようにしたのです。校務支援システムを使って行う通知表の作業を自宅に持ち帰ることはできません。学校で勤務時間内に行うには，時間の確保がなんとしても必要です。評価研修日を設定することで安定した質の高い評価業務が可能となります。このように子供，保護者，教師，三方良しの通知表改訂こそが大事なのです。

まとめ

① 「通知表は手書きがいい」という保護者の声には,「通知表はとても大事なものだ」という保護者の気持ちが込められている。この心に耳を傾ける。

② 目的は,通知表のデジタル化ではなく,通知表の改善である。通知表に対する子供や保護者の気持ちを大事にして,デジタルならではのよい通知表を作成する。

③【6年間通知表】6年間の通知表をクリアポケットファイルで一冊にまとめることで,長い目で子供の成長を見取ることができる。

④【MY通知表】家庭とも協力し,賞状などのよい成果を選んでファイルに入れてもらう。その子のよさが多面的に分かる,世界に一つだけのMY通知表で自尊心を高める。

⑤【個人情報保護の徹底】「個人情報保護袋」で「渡しきり」にすることで持ち運びや保管にかかわるトラブルを防ぐ。

⑥ 通知表作成に必要な時間を確保する。

5

問題意識 ▶ 電話連絡網の限界とメール連絡の課題

ICT＋αで
安全・安心な学校をつくる

✦ 迅速な情報の共有で子供を守る

　750人規模の学校で教頭をしていた頃に，電話連絡網を使ったことがあります。暴風雨警報に伴い翌朝の登校時刻を繰り下げるという連絡でした。
　夕方から電話連絡網で連絡を始めたのですが，なかなか通じません。職員室の黒板に全学級名とそれぞれの児童人数を書き出し，電話連絡が完全に終了したところから消していったのですが，なかなか消えません。結局すべての学級の連絡が終わるまでに6時間もかかりました。
　電話連絡網には限界があります。
　共働きが非常に多い時代です。2017年版厚生労働白書によれば，2016年の専業主婦世帯（男性雇用者と無業の妻からなる世帯）約644万世帯に対し，共働き世帯（雇用者の共働き世帯）は，約1129万世帯だそうです。1997年に共働き世帯が専業主婦世帯を上回ってから，どんどんその差は拡大。今や共働き世帯が専業主婦世帯の約2倍にまでなっているのです。
　ちなみに1980年には，専業主婦世帯が約1114万世帯，共働き世帯が614万世帯でした。今と全く逆だったのです。
　電話連絡網が成り立っていた時代とは，昭和の専業主婦世帯が多かった時代なのではないでしょうか。固定電話がどこの家庭にもあり，それを受け取る人が在宅している時代に機能していたのが電話連絡網なのです。
　しかし，今や共働きが当たり前の時代です。
　緊急時に電話連絡網を使える時代ではないのです。
　「携帯電話があるから大丈夫では？」という意見もあります。

しかし，職場で働いているみなさんは，私物の携帯にはほとんど出られません。電話という通信手段がどんどん使いにくくなっているのを実感します。

それでは，電子メールでの連絡に切り替えれば完璧なのでしょうか？

電子メールでの連絡にも多くの課題があります。完璧な通信手段はありません。今は，それぞれ長所も短所も併せもった多様な通信手段が混在する時代なのだと思います。

電話だけで事足りた時代はとっくに終わりました。学校は様々な情報伝達手段を状況に応じて使いこなす必要があります。高校や大学であれば，「本人がホームページで確認しなさい」で済みそうですが，子供がまだ幼い小学校の場合は，保護者への細かな連絡も必要であり本当に悩ましいところです。

この問題を解決するには，やはり，ICT＋αのアイデアが必要なのです。

27 電子メール連絡を軸に，複数の連絡手段を用意する

電子メール（以下，メール）による連絡には非常に多くの利点があります。みなさんご存じのこととは思いますが，改めて整理しておきます。
①短時間に大量の配信ができる。
②受信者が都合のよいときに読める。
③記録が残り，何度でも確認できる。
④口頭での伝言による間違いが少ない。
⑤全校への一斉配信だけでなく，学年別，学級別の発信も可能である。
⑥教師だけ，町内の交通安全指導員だけなどの発信もできる。

後述（p.126）しますが，3.11東日本大震災のときには，直後にメールを配信。保護者に非常に感謝されました。わずか30分の間に2本のメールを出しました。これは電話連絡網では到底できません。

もちろん，まだまだ弱点もあります。
①メールを利用していない保護者がいる。
②メールを読んでもらえたかどうか確認しにくい。

③メールアドレスを変更する人が多い。
④キャリアや機種によってセキュリティの仕組みなどが違い，メールが配信されないことがある。
⑤学校外からの発信が制限されていることがある。

電話に比べると仕組みが見えにくいせいでしょうか，まだ学校にも保護者にもメール利用には不安な気持ちがあります。我々の習熟も不足しています。

電話連絡網でも，メールでも，同様に気をつけなければならない問題もあります。それは，名簿の管理です。名簿が常に最新の状態に保たれているかどうか，これはとても大きな問題です。

地震，台風や猛吹雪などの緊急事態は，そんなにたくさんはありません。緊急連絡は滅多にないのが普通です。しかし，いざというときには確実に伝達できなければ意味がありません。緊急事態が発生し，さあ連絡というときに，転入者の登録手続きが終わっていなかったり，電話番号やアドレスの変更が反映されていなかったり，セキュリティの解除がされていなかったりしたら，連絡は届きません。

学校は，誰にどんな手段で連絡できるのか，常にメンテナンスしていなければならないのです。

これらを総合的に検討すると，現時点では，次のような対応がベターではないでしょうか。

・メールによる緊急連絡を基本とする。
・バックアップとして電話連絡網も残す。
・電話連絡網には，複数の電話番号を掲載可能とする。
・緊急時には，学校ホームページにも情報を掲載する。
・名簿の整備を日常的に行い，常に連絡ができる状態を確保する。
・個人情報の管理を徹底する。
・常に通じる連絡先を知らせてもらえるよう，保護者への啓発活動を行う。

以上で，メール，ホームページ，電話と３つの連絡手段が確保されることになります。これで，いざというときの連絡はかなり確実になります。

しかし，これとても，まだ完璧ではありません。

これらの手段は停電によって一気に失われる可能性があります。

実際，2018年9月6日の北海道胆振東部地震の際には，北海道全体が停電し，この心配は現実のものとなりました。勤務校の停電解消には，ほぼ2日間かかりました。

今回は地震の起きた時刻が午前3時7分でしたので，子供は学校にいませんでした。これが，もし授業中の地震と停電だったら，下校方法についての連絡は大混乱したと思います。

メール，ホームページ，電話などの連絡手段は，平時には非常に有効です。しかし，停電したときのためにさらに連絡手段を考えておく必要があります。

28 停電に強い緊急連絡手段の確保

ICTを活用した便利な緊急連絡システムにも，停電に弱いという弱点があります。そんなとき，学校はどうやって情報を伝えるべきでしょうか。ここにもアイデアが必要です。

北海道胆振東部地震のときには，とっさに次の2つで連絡を行いました。
①学校の屋上に赤旗を揚げる。
②学校の玄関やグラウンドのフェンスなどに，四つ切り画用紙で「本日臨時休校」の案内を掲示する。

①の赤旗は，事前に休校を知らせるサインとしていたわけではありません。これまでは，運動会の中止を告げるときに使っていただけです。とっさに思いつき，掲げたのですが，これは多くの人に一発で「本日休校」の意味が伝わったようです。

②の画用紙による掲示も大変有効でした。これは，赤旗と違い文字情報を提供できます。この玄関前の掲示は，何度か貼り替え，保護者もよく見てくれていました。その後，ご近所のコンビニやスーパー等にもお願いして掲示してもらいました。

つまり，停電のときには，「旗」と「紙」が，大変役に立ったのです。

他にも工夫できることはあります。例えば，電話連絡網は五十音順などではなく，家が学校に近い子供から遠い子供の順番に並べたり，住んでいる地区ごとにまとめたりするのもよいかと思います。災害のときには，日頃のご近所づきあいが最大の力を発揮するのだと思います。

これに関連して，実は，もう一つとても助かったことがあります。それは，日頃地域の防犯パトロールをしてくださっている防犯パトロール隊の隊長さんご家族の活躍です。隊長は，高校生の息子を車の後ろに乗せて，町内にアナウンスして回ってくれたのです。息子さんは「恥ずかしいなぁ」と言いながらもメガホンで「明日は，小学校・中学校は休校です！」とおよそ3時間も広報活動をしてくれました。家の中でもはっきり分かる大きな声での広報が多くの人に感謝されたのは言うまでもありません。停電に負けない地域の絆づくり，なにより大事なものだと痛感しました。

登下校管理システムの利用

ICTで児童の登下校を管理するシステムがあります。

児童のランドセルには，小さなICタグを入れておきます。学校の玄関床にはセンサーを埋め込み，ICタグ入りのランドセルを背負った児童が通過すると，センサーとICタグが通信を行い，登校時刻と下校時刻の記録が残る仕組みです。勤務校で利用しているシステムには，上記に加えて，玄関の様子を常にカメラで見守り録画するシステムがセットになっています。

また，希望する保護者には，児童が登下校した時刻を自動的にメールで知らせる仕組みがオプションで用意されていて，これは有料となっています。

児童が安全に登下校するのを確認するのは大変なことです。

治安のよい我が国では，児童が自力で登下校するのが当たり前のことです。しかし，多数の児童の登下校には小さなトラブルも日常的に起きています。例えば，新1年生入学後は，「我が家の息子がまだ帰ってこないのですが

写真14　登下校管理システムのICタグ

……」という不安そうな声の電話を保護者の方からいただくことがしばしばあります。

　結局「友達の家に寄り道をして遊んでいた」ということがほとんどで，大きな事件になることは少ないものです。しかし，その都度，職員室には緊張が走り，万が一に備えて全員が捜索態勢に入ります。

　こんなとき，この登下校管理システムは，非常に役に立ちます。

　「帰宅していない」という連絡をいただき次第，まず，その子の下校時刻をチェックします。さらに，その下校時の玄関の様子を動画再生して確認。そのとき，一緒に玄関を出た児童に連絡を取れば，所在はほぼ分かることが多いのです。

　登下校管理システムには，全員へのメール配信システムが含まれているものがあります。緊急連絡メールを，このシステムを通じて発信することができるのです。

　これにもメリットがあります。保護者は，携帯電話の機種やキャリアを変更することがあります。メールアドレスの変更もあります。昔の固定電話が中心の時代には，番号が変わることは稀でした。しかし，今は，買い換えのサイクルが短く，その電話番号もメールアドレスも固定電話とは違って変更されることがよくあります。そして，その都度，メールが届かなくなる事態が起きやすいのです。

この管理をすべて学校が行うのは大変です。メールの受信設定が上手くできず困った保護者が学校に相談に来たことがあります。ふと見ると，その場で担当の教師に設定の変更を依頼しています。職員室の一画がまるで，携帯ショップのような感じになってしまいました。当然ながらこの方法は，正しくありません。行政の一員である我々が，市民の携帯のセキュリティを外し，内部の設定を変えることはできません。

　保護者の大事な個人情報であるメールアドレスの適切な管理も，非常に難しいことです。学校と保護者の間に，守秘契約をしっかり結んだ専門の事業者が仲立ちとして入り，サポートしてくれるシステムは，学校にとっても保護者にとってもメリットが大きいのではないかと思います。

 メールでの連絡可能状況を可視化する

　今この瞬間，自校の緊急連絡メールを使用したとき，「どれだけの家庭に通じるか，どの家庭に電話をしなければならないか」を把握している学校は，まだ少ないのではないでしょうか。

　この問題を解決するには，重要情報共有黒板（p.59）が有効になります。

　ここに，常にメールで情報共有できる割合と未登録家庭数を可視化しておくのです。そして，その近くに電話で連絡が必要な家庭のリストを用意しておくとよいでしょう。こうすることによって，常に連絡可能な範囲についての情報が共有され，みんなで意識することができるようになります。

　わたしの経験では，当初は，メールでの連絡可能家庭が70％以下だったのが，この可視化の取組をすることで，担任からの声かけが進み，最終的には99％の家庭にメールで連絡できる状態が当たり前になった学校があります。こうなると，電話で連絡する必要があるのは10軒以下となり，連絡は素早く確実に届くようになります。

31 学校への信頼を高める「安全・安心情報」

治安のよいわたしたちの国、日本。

それでも、小さな事件があちこちで発生しています。

新聞などに出る情報は、ほんのわずかに過ぎません。学校には、新聞などに出るほどではない程度の子供の安全・安心にかかわる情報がたくさん集まってきます。例えば、「不審者が現れた」「飛び出しで車にひかれそうになった」「工事車両が増えて心配だ」「公園で危ない遊びをしている」……等々、保護者だけでなく地域の方たちからもたくさんの情報が寄せられます。

本来なら「警察に直接電話すべきでは」と思える情報も学校に集まってきます。日本の学校は、単なる教育機関ではなく、地域の情報センター的な役割も期待されているのかもしれません。

しかし、通常こうした情報のほとんどは、学校内で共有されるだけで、保護者や地域のみなさんと共有されることはありません。うっかりすると、管理職や担当者は知っているけど他の教職員は知らないということもあります。

本当にそれでよいのでしょうか。

たとえ小さな情報であっても、そこに大事件の芽が潜んでいるかもしれません。子供を本気で守るためには、こうした情報にも敏感に反応したいものです。

さらに、もし学校内で情報がとどまれば、大事件となったときに「なぜ、学校は知っていたのに教えなかったのか」となる可能性もあります。情報を保護者や地域と素早く共有することで、みんなの日常の目がより確かなものとなり、子供の安全・安心はぐっと高まります。

では、新聞などに出るほどの情報ではないが、みんなで意識した方がよい情報をもっと早く簡単に共有するにはどうすればよいのでしょうか。

そのためには、次ページの図3のような「安全・安心情報」が役に立ちます。

この安全・安心情報は、大きく3つの部分からできています。

〇〇小　安全・安心情報

【児童数配付】
平成29年5月22日
#13
札幌市立〇〇小学校
校長　新保 元康

不審者が現れました（１２件目）

いつ	・5月19日（金）15：05頃
どこで	・〇〇町〇〇丁目　住宅街道路
どんな	・本校低学年児童２名が下校中に声をかけれらた。 ・２名の男が無言で1000円札を差し出し「二人は兄弟？」などと声をかけた。 ・児童は、無視して帰宅した。２人の男は、戻っていった。 ・１丁ほど離れたところから児童の保護者もその様子を目撃した。 ・保護者が１１０番通報済み。 ・特徴：白っぽい服の長髪の男、黒っぽい服の短髪の男の2名。

・いつも指導している「いかのおすし」を守って素晴らしいです。
・保護者は、すぐに１１０番通報をしてくれました。
・学校からも警察署に通報しました。警察でもパトロールの強化をしています。
・以下の指導を教室で行いました。ご家庭でも注意をお願いします。

【指導しました】一家庭でもご指導ください一
1）不審な人を見かけたら【いかのおすし】を守る
・行かない・乗らない・大声・すぐ逃げる・知らせる
2）登下校や遊びは、できるだけ複数で行う。
3）できるだけ早く110番通報する。（とっても親切です）
4）外出するときは、家族に「誰と」「どこで遊ぶか」「何時に帰宅するか」伝える。
5）困ったら「子供110番の家」や近くのお店、民家に逃げ込み助けてもらう。

なにかあったら
何より早く110番
その後に学校へ
110番すると直ちに警察が動きます！スピードが子どもを守ります。

※この文書に関するお問い合わせは、教頭　〇〇（電話〇〇〇−〇〇〇〇）までお願いします。
※この【安全・安心情報】は、低学年は早く下校するため【児童数】で配付しています。
※また、近隣の学校及び地域の安全パトロールのみなさんにFAXにて発送しております。
<<H29〇〇小は、この「安全安心情報」で、町の安全安心に係わる情報を迅速に共有します>>

図３　安全・安心情報

①「いつ」「どこで」「どんな」ことが起きたのかという「事実」

②児童への指導内容

③「なにより早く110番」という望ましい行動の推奨

心配な情報を学校が得たら，直ちにこのフォーマットに合わせて安全・安心情報を作成します。

しかし，もうお分かりのとおり，作るのは基本的に①の部分だけです。つまり全体の１／３だけです。②③は，定番のもので十分。したがって，作成する時間は非常に短いのです。

メール連絡システムでも安全・安心情報を発信します。このときは，全部ではなく①の部分のテキストだけ流します。保護者や地域のみなさんが一番知りたいのは，この①の事実です。この町で何か起きているかは意外なほど，共有されていないというのが，わたしの実感です。世の中の重大事件は，メ

ディアを通じて，ネットを通じてあふれるほど情報提供されます。しかし，肝心の身の回りの情報はほとんど共有されていないのです。
　その理由は，次のようなことかもしれません。
　・伝え聞いた情報は，本当に事実なのか？
　・学校が，完璧とは言えない情報を発信していいのか？
　・自分たちの町が，「不安な町」という印象にならないか？
　安全・安心情報を発信しない理由はいくらでもあるのです。そうこうしているうちに，実際の被害が発生する……ということはないでしょうか。
　ハインリッヒの法則をご存じの方は多いと思います。簡単にいえば，1件の重大な事故の背後には，29の軽微な事故があり，さらにその裏には300の異常があるという法則です。
　Ａ：「小さな事故だから大丈夫」
　Ｂ：「小さな事故だけど，重大な問題が隠れているかも」
　Ａと考えるかＢと考えるかで，学校の対応は全く異なってきます。
　今の時代は，Ｂと考えて，子供を守り抜く姿勢が学校に求められています。そのためにも，小さな情報でも学校内にとどめず，保護者や地域のみんなで共有することが必要だと思います。
　「正確さ」はもちろん大事なことですし，学校も情報を得たら直ちに可能な限り裏付けを取ります。しかし，それが100％でなくとも，「情報共有」「素早さ」を優先することが重要なのではないかと強く感じます。
　実際，安全・安心情報で情報共有を進めると最初は多かった不審者が減少することを経験してきました。
　そして，クレームは一件もありませんでした。
　保護者も地域のみなさんも，我が町のリアルな情報を欲していると感じます。そして，学校の情報をもとに，みんながちょっと気をつけるようになる。それだけで，子供の安全は高まるのです。
　もちろん，発行の際には，表現に十分注意します。
　事案によっても多少は違いますが，基本的には，情報を寄せてくれた方に

詳しく状況を伺い，その方のお許しを得た上で，個人が特定されないように記述します。もちろん，警察にも一報を入れますし，パトロールを要請することもよくあります。難しい事案については，警察とも協議して発行を検討することもあります。はっきりした被害があった場合には，特段の注意を払い作成します。被害者がさらなる被害を受けないよう，厳密に検討するのです。

　こうしたことを続けることで，教職員の危機管理意識が高まるのも非常に大きな成果です。常に「警戒レーダー」が回っているような状態になるのです。こうした日常の取組で子供の命をより確かに守れる学校になるのです。

まとめ

①緊急連絡はメールを中心にするが，電話連絡網や学校ホームページなどの複数の手段を用意する。

②登下校管理システムなどの導入により，メールの確実な配信と負担軽減を図れる可能性がある。

③いざというときに使えるように，日常的にメール連絡システムへの加入状況を可視化しておくことが重要。

③定型化した「安全・安心情報」で負担を軽減しながら，保護者・地域・学校が，リアルタイムに町の情報を共有することが重要。

第2章　ICT＋αで学校の日常を改善するアイデア

6

問題意識 ▶ まず日常の一斉授業の改善を

ICTで日常の一斉授業を改善する

✦「大きく映す」から始めて，一人一台へつなげる

　ICT活用による授業改善というと一人一台のタブレットPCの活用場面を思い浮かべる方が多いかと思います。もちろんそれは新学習指導要領実施のためにも必要です。しかし，その前に，一斉授業の改善をICTを使って行う必要があります。一斉授業は，日常授業の大部分を占めます。子供にとっては毎日の授業が分かりやすいものになることが一番うれしいことです。教師にとってもそれは同じです。さらに準備時間が少なく済めば非常にありがたいことです。

　こうした一斉授業の改善は，ICTの得意とするところです。さらに＋αのアイデアを加えることで，成果を上げることができます。

　授業でのICT活用は，まず子供も教師も笑顔になる日常の一斉授業の改善から始めて，徐々に一人一台の環境での授業に進んでいきたいものです。

　そのアイデアをご紹介しましょう。

32　一斉授業の改善には，まず大型提示装置と実物投影機が必要

　日常授業の改善に必要なICTの最初の一歩は，大型提示装置（出力）と実物投影機（入力）の導入です。実物投影機で撮った教材を，大型の液晶テレビで映したり，プロジェクタでスクリーンや黒板に映すような使い方です。

　教科書をはじめとする教材を大きく映すことで，授業は格段に分かりやすくなります。

そもそも，今，教科書のどこを学んでいるのか，よく分からないまま学んでいる子供がいます。教師の口頭の説明だけでは，今ひとつ分からないままでいる子がいるのです。わたしたちも会議のときに同じような経験をすることがあります。たくさんの資料を用意して，提案者が熱弁をふるいます。しかし，聞いている人たちは，資料のどこの話をしているのか分からないので混乱する。このようなことは誰しも経験しているのではないでしょうか。大人は，これまでの経験から，「提案者の言わんとすることは，きっとこういうことだろうな」と自分で行間を補いながら聞くことができます。でも，これを子供たちに求めるのはかわいそうです。
　「35ページの上から6行目を見ましょう」という教師の指示をスムーズに理解できない子供もいるといわれています。35ページと6行目という2つの指示が同時に出されると，混乱してしまうのです。子供の分からなさに敏感なベテラン教師は，教科書を高く上げてみんなに見せ，「ここだよ，分かりますか？」と確認することがあります。しかし，このときでも，教師から6, 7メートル離れた子供には見えにくいのは明らかです。
　大型提示装置と実物投影機があれば，この問題は一気に解決します。まず教師の話がスムーズに通じる教室環境を整備したいものです。

🔧33　大型提示装置は，大きいほどよい

　大型提示装置とは，どの程度の大きさを言うのでしょうか？
　いろいろ調べてみましたが，はっきりした基準はないようです。昭和生まれのわたしにとっては，30インチでも大型に感じたものです。教室に50インチのデジタルテレビが来たときには本当に驚きましたし，心から感謝したものです。
　しかし，それを使い込んだ今となっては，50インチでも小さく感じます。
　文部科学省から出された「平成30年度以降の学校におけるICT環境の整備方針について」（2017年12月26日，以下，整備方針）では，画面サイズについ

て「教室の明るさや教室の最後方からの視認性を考慮したサイズとする必要がある」とあります。学級の児童数の違いや様々な地域の実情などもあり、はっきりと「何インチ以上」とは書きにくかったのでしょうか。

　勤務校では、50インチ程度のデジタルテレビが特別教室も含む全教室に導入されています。40人学級でもこの大きさがあれば、映したい部分をズームアップすることで何とか後ろの子まで見せることができます。できれば、もっと大きい方が見えやすいでしょうし、教師も使いやすいと思われます。

　教室の黒板の大きさは、縦1200ミリ程度です。これを後ろからも見やすい基準と考えると、画面サイズは、70〜90インチ程度の大きさとなるでしょうか（縦横のアスペクト比にもよります）。

　大型テレビがいいのか、プロジェクタがいいのか……という問題もあります。わたしもよく聞かれるのですが、それぞれの長短があり、一概には言えないように思います。

　つまり、「大型提示装置が必要」という考えは一致しても、その先は、まだはっきりできないのです。もちろん財政的な問題もあるでしょう。

　大型提示装置を全教室に導入するのは、学校単独の予算では到底不可能です。しかも、一度導入すれば、実際には10年以上もの長期にわたり使われるのではないでしょうか。大きな予算を投入して購入してしまってから「小さかった」では本当に残念です。

　「整備方針」には、2ヶ所だけ「必須」と書かれた機能があります。「大きく映す」がその必須の機能の一つです。この重要性を意識して整備したいものです。

34　実物投影機を徹底的に使う

　実物投影機は、情報化の初期段階から使いやすいICT機器です。我が国の一斉授業のよさを活かしながら、教師の負担を軽減し、授業の質を向上させることができます。

実物投影機と大型提示装置を組み合わせることで，教科書，副読本，ドリルをはじめ児童のノートや作品を自由自在に拡大提示することができます。今すでにある，紙媒体を中心としたコンテンツをフルに活用できるのです。
　しかも，使い方は極めて簡単です。
　実物投影機と大型提示装置の２つのスイッチを押すだけで瞬時に拡大提示ができます。起動に時間がかかって授業の流れを止めるようなことはほとんどありません。必要なときにスムーズな提示ができるのです。また，操作は易しく直感的で，ICTに詳しくない教師にもすぐ活用できます。
　まだICTの活用が浸透していない学校では，この実物投影機の活用から始めるとよいでしょう。ICTのよさをまず実感してもらえば，次のステップにも進みやすくなるのではないでしょうか。

昔から教師は，大きく見せたかった
　わたし自身が小学校に入学したのは，1965年です。当時の教室の風景を思い起こすと，掛図がよく使われたことが，そのかび臭さとともに瞼に浮かびます。掛図をもとに，先生の指し示すところを大きな声で読んだり，地図で日本の地理を学んだりした記憶もあります。大きな掛図を運ぶ仕事を先生に頼まれるのは，誇らしくとてもうれしいことでした。
　日本の教育の素晴らしさは一斉授業の質の高さにあるといいます。
　その一斉授業を支えていたものの一つが掛図なのではないでしょうか。
　学制が公布されたのが1872年。黒板が輸入されたのも1872年。日本で初めて掛図が作られたのは，1873年だそうです。一斉授業の充実で西洋の国に一日でも早く追いつこうとした日本の姿が目に浮かぶようです。
　一つの絵，文，写真などの教材を大きくしてみんなに見せる。その教材のポイントを教師が指し示し，子供の反応を見ながら教えるというのが，よく分かる授業の原点です。「子供たちによく分かってほしい」「全員に力をつけたい」という教師の願いは，昔も今も変わりません。掛図の他に，スライド映写機やOHPなども懐かしい教具です。これらはすべて，大きくしてみん

なに見せ指導するための道具です。それらが，実物投影機をはじめとするICT機器となって現代に続いているのです。

アメリカでも実物投影機は大人気

　個別学習の多いアメリカでも実物投影機が使われています。

　2018年1月，アメリカのワシントン州の小学校を数校視察する機会を得ました。世界的なICT企業のあるシアトル近郊です。さぞかしすごい活用が行われているのかと思いきや，学校での日常的なICT活用にはむしろ地味な印象をもちました。

　見せていただいたほぼすべての教室にホワイトボード，プロジェクタ，コンピュータ，そして実物投影機が設置されていました。中でも，実物投影機を活用する頻度が高いように感じました。タブレットPCは，中学校で使われている事例を見ましたが，小学校では見ませんでした。液晶の大型提示装置はほとんどなし。電子黒板も極めて稀です。

　どの教室にもほぼ共通して設置されているのが，実物投影機とプロジェクタだったのです。

　専用のスクリーンもありません。多くはホワイトボードとの兼用で，必要があればそこにマーカーで書き込みながら授業が行われていました。

　授業スタイルにも驚きました。わたしの英語理解力が不足しているせいだとは思いますが，子供同士が意見を戦わせることはほとんどなく，日本的な全員で問題を解決していくような授業は見ませんでした。課題を個別に解決していく授業がほとんどなのです。そのような個別の活動を中心とした授業でも，全体に指示したり，説明したりするときが必ずあります。そのとき，教師はごく自然に実物投影機などを使うのです。

　「ICTを使ってすごい授業をしよう」というより，「便利だから自然と使ってしまう」「必要なときに必要な道具を必要なだけ使う」というのがアメリカの教室で感じた空気でした。

　「ICT活用はかくあるべし」という大議論ではなく，ごくごく普通に，ご

くごく日常的に使う……それがアメリカの学校の姿でした。日本人は難しく考えすぎなのかもしれません。

ベテラン教師の技が光る実物投影機

　実物投影機のよいところは、指導技術の高いベテラン教師の身につけている技を活かせるところです。「大きくして見せる技術」は、ベテラン教師なら当然のように身につけている技です。

　「全員の視線を一ヶ所に集める技術」も、ベテランにはかないません。ベテラン教師は、大事なところを指し示し、さらに全員の子供の視線が大事なところに集まっているか確認します。ぼんやりしている子がいれば、ちょっと間をおき、「○○さん、見えていますか？」と確認します。さらに集中させたいときには、周辺を隠して、大事なところだけが見えるようにします。

　こうしたベテランの技は、実物投影機ですぐ活用できる技です。漫然と映しがちな若手教師に、大事なところを最大限に大きくしたり、子供の視線を一点に集めたりする技を教えることができるのです。

　ICT活用といえば、若手の活躍をイメージする方が多いと思います。次々と現れる新機種を自由自在に使いこなす若手が学校をリードしていることも多いと思います。しかし、それでは、ICT活用は一部のすごい人の中だけで終わってしまいます。新機種の機能を使いこなすことも大事な研修ですが、指導の基本を身につける研修はより重要です。あのイチロー選手も、毎日毎日基礎基本の練習をたっぷりしていたと聞きます。「見せる」「視線を集める」「確認する」「説明する」……といった指導技術は、我々の基礎基本です。

　実物投影機の活用は、こうした基本的な指導技術の研修にも役立ちます。ベテランの技を学ぶことで、みんなが笑顔で授業改善に取り組めるようになるのです。

36 実物投影機活用の具体的なアイデア

　実物投影機の活用アイデアをもう少しご紹介しましょう。
　簡単だけど，「分かる，できる，楽しい日常授業」の実現に大きな役割を果たすことが実感してもらえると思います。

代表的使用例1　教科書を大きく映す

　日本の義務教育は，教科書を中心に行われます。
　学校教育法第34条には，教科書の使用義務が書かれています。
　日本の教科書は本当によくできています。洗練された編集，確かな検定によって質を担保された教科書。限られた時間の中で確実に指導するためのエッセンスが詰め込まれています。本文だけでなく，写真，グラフ，コラム，キャラクターの吹き出し……等々上手く考えられているなと思うことがしばしばあります。しかも，それが無償で配布されているのです。
　この教科書を，実物投影機で大きく映すことで，授業の質はさらに向上するのではないでしょうか。
　大事な写真やグラフを大きく拡大するだけで，発問や説明がとてもしやすくなるのは，容易に想像がつくことだと思います。
　ICT活用が進めば進むほど，優れたコンテンツが欲しくなります。中身がなければ，よい授業はできません。わたしたちの前には，教科書をはじめ，紙媒体の優れたコンテンツがまだまだたくさんあります。実物投影機があれば，それらをすぐに利用することができます。
　しかも，実物投影機では，映した教科書のどこに着目すべきかを指で簡単に示すことができます。
　例えば，「68ページの下にある写真の右上に写っている農家の人の表情からどんなことが分かりますか？」と言葉で聞かれたときに，すぐ反応できる子と，戸惑う子がいます。複数の指示を一度に出されると，大人でも戸惑うことがあります。しかし，実物投影機で見せたい場所を指せば，簡単に分か

写真15 教科書を大きく映している場面

ります。

　拡大した教科書の写真を指で示せば，教師が何を話題にしているのか明解です。子供の説明も具体的になります。「この農家の人は大根を持ってニコニコと笑っています。やはり収穫したときの喜びはとても大きいのだと思います」と，写真を示しながら子供も自分の意見を言えるのです。

代表的使用例2　彫刻刀の使い方

　彫刻刀の正しく安全な使い方を教えるのは，なかなか大変です。

　なにしろ彫刻刀は小さいものです。40人の子供たちに見えるように，指導するのは大変です。巨大な彫刻刀見本を作るわけにもいきません。

　しかし，これも実物投影機を使えば簡単になります。

　実物投影機の下に，版木を置き，教師が彫刻刀で彫る様子を見せるだけでよいのです。手と彫刻刀の位置関係，彫刻刀の角度，実際に彫る量……細かいところをしっかり見せることができます。

　実物投影機は，カメラの角度を簡単に変えられるようになっています。真上からだけでなく，横や斜めからも映すことで，より分かりやすい説明ができるのです。これまでは，4人程度の子供を担任の近くに呼び寄せ，間近に見せながら指導するだけでした。これだと非常に時間がかかり，待っている子供たちがそわそわし出し，教室が混乱する原因にもなりかねません。実物

第2章　ICT＋αで学校の日常を改善するアイデア

写真16　彫刻刀を使っている場面

投影機で全体に一気に見せることで，非常に効果的で実践的な指導が可能となるのです。

　こうした使い方は，家庭科の裁縫，リコーダーの指使いなどにも有効です。
　算盤の指導のときは，事前にほこりっぽい教材室に教師が入り，巨大な教師用算盤を探し出す……というようなことがありました。しかし，実物投影機があれば，子供と同じ算盤をすぐに使えます。しかも，大事な指使いまでしっかり教えることができるのです。
　ザリガニの観察のときに，実物投影機を使っていたベテラン女性教師がいました。ザリガニを湿ったティッシュで軽く固定し，ズームアップ。非常に迫力ある姿をみんなで一緒に見て，たくさんの秘密を発見することができました。

代表的使用例3　ノート指導

　ノート指導は，子供の学力を向上させる上で極めて重要です。
　しかし，これまでは，個別に指導するしか方法がありませんでした。
　マス目の入った黒板もありますが，マスの数が子供のノートと異なり，その微妙な違いでますます混乱することもありました。
　実物投影機は，この問題も一気に解決します。
　子供と全く同じノートを使い，それに教師が書き込む様子を見せるのです。

写真17　ノート指導の場面

段落を変えるときの1マスの空け方や,「　」の使い方なども簡単に明快に指導することができます。

　高学年では学習の積み上げが残るので,あとで復習しやすいノートの使い方なども指導できます。よく書けたノートを写して,みんなで共有することも可能です。

アイデアは無限

　実物投影機活用のアイデアは無限と言ってもいいでしょう。もう少し事例を簡単にご紹介します。

- テストの答え合わせを,実際のテストに書き込みながら行う。どこが難しかったのか,どう考えればよいのか,どう書けば正しい解答となるかなどを具体的に説明できる。
- 図工の際に,パレットなどを置く位置を実際に映して教える。絵の具を水で薄めたり,混ぜて色を作ったりする様子を実際に見せる。
- 習字を,教師が実物投影機の下で行って見せることで,右払いの微妙な力の入れ方から抜き方までを全員に指導できる。
- 給食を映して,配膳の仕方や片付け方を確認する。
- カメラを子供に向け,合唱の際の口の開け方を指導できる(動画記録が可能な機種もある)。

第2章　ICT＋αで学校の日常を改善するアイデア

写真18　習字の場面

- キアゲハの幼虫が葉を食べる様子を拡大し，全員で観察することができる（これまではグループごとで行うしかなかった）。
- 漢字ドリルの問題部分を映し，ミニテストを行える（教師は，テストの枠だけを用意すればよい）。
- 前時までのノートや板書をメモリーに撮影記録しておき，それを映すことで前時の想起をする（模造紙などで掲示しなくてもよい）。
- 学校から家に持ち帰る「安全・安心情報」を大きく映して，不審者の特徴を確認する。

　このように，実物投影機はアイデア次第で授業をより効果的にしたり，効率的にしたりすることができます。

　実物投影機は，最先端のICT機器に比べると地味に見えます。「実物投影機はICTではない」という人もいるそうです。しかし，子供にとって分かりやすく，教師にとって使いやすければ十分です。

　タブレットPCが普及すれば，実物投影機は不要になるという意見もあります。それぞれの長短があるので，簡単に判断はできません。わたしは，シンプルな実物投影機の魅力はすぐには色あせないような気がしています。

　実物投影機の長所は，「簡単」「分かりやすい」です。

　機器の操作にはあまり気を使わず，教師は映っている教材のどこを授業に使うかに集中し，そこを指で簡単に示すことができます。子供と同じノート

やワークシートに，子供と同じ文房具で書き込むこともできます。コンパスで円を描くときの微妙な方法をリアルタイムで見せることも可能です。低学年の子供でもすぐに使える簡単さです。

「いつでも確実にすぐ使える」のも大きな魅力です。

アップデートなどのメンテナンスも，充電も気にする必要がありません。一斉授業で非常に多く行われる「拡大して見せる」行為がほとんど準備なく，ほとんど考えることもなく，すぐにできるのです。これは，時間の足りない教師にとって大きなメリットではないでしょうか。

これからも，教材のデジタル化はますます進展するでしょう。素晴らしいコンテンツが増えていくことでしょう。しかし，紙媒体を含め，実物の教材はなくならないのではないでしょうか。ICTの本場とも言えるアメリカでの活用の様子を見ても，実物投影機の活躍は，まだ続くのではないかと思います。

37 指導者用コンピュータが，さらに授業の幅を広げる

一斉授業を充実させるICT機器は，実物投影機だけではありません。どの教室にも指導者用コンピュータをぜひ常設・固定したいものです。これがあれば，教師の負担をより減らし，授業の質をさらに上げられます。

まず，指導者用デジタル教科書。これが使えるようになります。みなさんご存じのとおり，デジタル教科書は非常によく作られています。俳優の朗読もありますし，写真もきれい，動画も見られる，シミュレーションでの分かりやすい説明もあります。これが毎日使えたら，先生も子供も大助かりです。

次に，指導者用コンピュータがあれば，NHK for Schoolをいつでも必要なときに見ることができます。これまで時間に合わせて見なければならなかった質の高い教育番組を思いどおりのタイミングで見ることができます。このホームページでは，2000本以上の番組，7000本以上の動画クリップを公開しているといいます（「進む教師のメディア利用と1人1台端末時代の方向性〜

2016年度『NHK小学校教師のメディア利用と意識に関する調査』から〜」『放送研究と調査』2017年6月号）。これらを上手く授業に組み込むことで，分かりやすさをぐんと高めることができます。

　問題は，通信回線のスピードです。教室に届くまでのどこかにボトルネックがあると，動画をスムーズに見ることはできません。通信品質の確保は，とても大事です。

　さらに教育系のコンピュータを効果的に使うには，サーバーで教材を共有することが大事です。せっかくサーバーが用意されていても，そこに独自の教材を共有している学校は，まだ少ないかもしれません。

　学校ごとに作成する教材はたくさんあります。生活指導に関する教材，遠足の行き先や諸注意の教材や写真，給食指導のスライドなどは，繰り返し何度も使えます。毎年，少しずつリニューアルすることも可能です。これを使えば，教師の負担はかなり軽減されます。

　教師は，作成した教材を「自分の作品」のように感じることがあります。その先生の著作物なので当然といえば当然です。しかし，学校や地域の仲間と教材を共有したいと考えている方も多いのではないでしょうか。校内での教材の共有だけでなく，教育委員会の指導のもと，複数校で地域教材を開発して共有するのもとてもよいと思います。

　ICTを活用した授業改善では，「よい自作教材はみんなで使う」「互いに自作教材を評価し合い，よりよい教材にブラッシュアップする」という視点もとても大事です。

38 導入の一歩先にある「常設・固定」まで進む！

　教室への大型提示装置と実物投影機と指導者用コンピュータ導入の大切さは，お伝えしたとおりです。これらが教室にあることで，教師の負担は減り，授業の質は向上します。

　でも，それらが，バラバラに置かれていては，効果は半減です。

まず，これらの ICT 機器が教室に「常設」されていなければなりません。常設ということは，常に教室にあって運ぶ必要がないということです。
　これは当たり前のことのようですが，まだまだ実際には少ないのではないでしょうか。働き方改革にもつながる ICT 機器の設置のためには，常設は必須の条件です。
　よくありがちなのは，「授業で必要なときに運んで使う」という方法です。ICT 機器の台数が不足しているために，「共同で仲良く使いましょう」というルールの学校がまだまだ多いのではないでしょうか。この使い方では，結果的に何も導入していないのと同じことになります。というのは，運んで，線をつないでという作業を授業の合間にすることは不可能です。共同利用では教師には遠慮の気持ちも出てきます。結局使われない ICT となってしまいます。ですから，運ばずに教室に常設されていることが重要なのです。
　さらに大事なのが「固定」です。
　大型提示装置，実物投影機，指導者用コンピュータの教室での置き場所を決めます。さらに，子供が少しぐらいぶつかっても壊れないように，次ページの写真19のように固定します。
　これを実現するためには，ICT 機器を載せる台が必要になります。
　実物投影機と指導者用コンピュータと教材を載せるには，最低でも70センチ×70センチの広さの台が必要です。
　これに，実物投影機と指導者用コンピュータを載せ，粘着マットで固定します。配線もしっかり行い，スパイラルチューブで束ねます。さらに，台には教材を置く位置を示します。ここまで徹底することでいつでも ICT を活用できるようになります。実物投影機と大型提示装置のスイッチを入れれば直ちに教材を拡大できます。コンピュータは朝一番に起動し，授業終了まで電源は落としません。教育系のネットワークには個人情報はありませんので，教師不在のときに子供が使えないようになっていれば，問題ありません（自治体によっては違いもあるかもしれません）。
　常設と固定の重要さについて述べてきました。

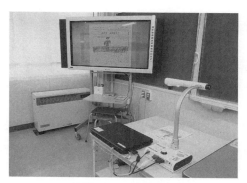

写真19　ICT 固定台

　念のためもう一度書くと，ICT 機器を運んで使うケースがまだまだ多いのは本当に残念です。
　「3学年は，2階の教材室に置いてある実物投影機を共同で使う」
　「大型提示装置や実物投影機は，各教師の好きな場所に置いて使う」
となっている学校が今もたくさんあるのではないでしょうか。
　同じことが，黒板で起きているでしょうか？
　「黒板は，必要に応じて，運んで使う」
　「黒板は，教室のどこに置いてもよい」
という学校を私は知りません。どの教室にも，前方中央にしっかりと固定されています。
　しかし，実物投影機や指導者用コンピュータなどは，なんの決まりもなく各教師の裁量でバラバラに使われていることが多いのです。授業に欠かせない道具なのに，黒板とは取り扱いに大きな違いがあるのです。
　これが，教師の負担増加の一因になっているのではないでしょうか。
　「これからは，ICT を活用した授業をしましょう！」
　「でも，毎回準備は自分でお願いします」
　これでは，先生たちの負担軽減にはつながりません。準備のための時間が増えるだけです。
　「教材を大きく提示する」「分かりやすく大きく示して教える」という意味

では，黒板も実物投影機や大型提示装置も「教室のインフラ」と言っていいものです。

「水は必要なときに運べばよい」「蛇口の位置は毎日変わる」ということはあり得ません。水道というインフラは，常設・固定され我々の生活の中に溶け込んでいます。それがあるからこそわたしたちは安心して豊かな生活を享受できます。教室には，大型提示装置と実物投影機と指導者用コンピュータが必須です。そしてそれらは，黒板と同様に常設・固定されていなければなりません。

教室内の置き場所は，全教室でできる限り統一すべきです。大型提示装置の場所は，教室の入口とは反対の窓側がよいでしょう。窓からの光が反射しにくく，子供たちがぶつかりにくい場所です。

そして，窓には，カーテンが必要です。カーテンは，少し遮光できるもので，おおむね2.7メートルの幅があれば大丈夫です。どうしても日差しが強いときがありますので，液晶の大型提示装置でもカーテンが欲しくなるときがあるのです。教室の照明も調光式だったり，教室の前から点けたり消したりできればなおよいです。

こうした周辺機器も含めたシステムがしっかり整えば，教師は自然とICTを活用し始めます。

本当に便利で，授業が改善されるからです。

本当に簡単に使えるからです。

もちろん，よりよい使い方の研修は重要です。特に50インチ程度の大型提示装置であれば，実物投影機のズーム機能をフルに活用し，教材の必要部分を大きく拡大する必要があります。そのコツを学ぶ研修は必須です。

黒板でさえ，今でも板書研修が行われます。チョークの持ち方，黒板の消し方，分かりやすい板書の構成……上手い教師とそうでない教師の差は歴然です。どんなにシンプルなICTでも，そこは黒板と同じです。シンプルであるから使いやすい。でもその奥は深いのです。

39 学習者用コンピュータを効果的に使う

　アクティブ・ラーニングを支える大事なツールとして，タブレットPCが注目されています。

　「整備方針」によれば，「３クラスに１クラス分程度の学習者用コンピュータの配置を想定することが適当である」とあります。

　そして，「キーボードの『機能』を有すること。なお，小学校中学年以上では，いわゆるハードウェアキーボードを必須とすることが適当」と書かれています。この「必須」という言葉は，「整備方針」に２回しか出てこない言葉です。前述したとおり「大きく映す」とこの「ハードウェアキーボード」です。ここはしっかり意識して整備しなければなりません。

　しかも「３クラスに１クラス分程度」ですから，この運用は本当に工夫が必要となるでしょう。

　どのような運用がよいのでしょうか。

　これまでの学校で，学習者用コンピュータとして，タブレットPCと２in１PCを使った経験があります。いずれも学校全体で四十数台という規模でした。「３クラスに１クラス分程度」に比べると全く少ない経験しかないのですが，少しアイデアを書いてみます。

　学習者用コンピュータを使うときの初期の運用のコツは次の３点かと思います。

欲張らず，必要なときに必要なだけ使う

　最新型の学習者用コンピュータは高性能で多機能ですが，使いやすい，簡単にできることから使用すればよいのではないでしょうか。新しい物ほど使いこなすまでにはいろいろなノウハウが必要になります。日常授業が安定してから，次のステップへ挑戦するのがよいでしょう。

　キーボードによる文字入力の練習，ワープロでの文書作成，カメラで映す，ドリルを学習するなど単純で限定的な使い方から始めるとよいと思います。

一人一台の環境でも，いきなり対話的な授業と考えると大変かもしれません。簡単にできることだと上手くいきますし，結果的に次のステップに進む意欲も高まります。

　タブレットPCで漢字や計算のドリル学習をさせていた先生がいました。どんどん先に進める子にはタブレットPCで先をさせて，教師は遅れ気味な子に寄り添って個別指導していました。つまり，コンピュータの力を借りて一人でTTを行っているようなものです。これは非常に印象的でした。

使い方の約束が重要
　一人一台の環境で自由自在にコンピュータを使うのは子供にとって，とっても楽しいことです。ワクワクするのは当然です。しかし，そのワクワクが，混乱のもとになっては大変です。教師の指示に従い，使うとき使わないときをはっきりさせなければなりません。使わないときは，コンピュータを閉じておくなどの約束が重要です。

　ある国語の研究授業でタブレットPCを使う場面を見たことがあります。一人の子供が，いつの間にか授業から脱線，自分のコンピュータでお絵かきを始めてしまいました。魅力的な活動が多様にできるタブレットPCですが，うっかりすると大変です。

支援員のサポートが欲しい
　コンピュータの台数が増えると，管理運営が大変になります。
　機器の数が多くなるので，準備や片付けに結構時間がかかってしまいます。また，どうしてもトラブルもあります。これへの対応をすべて教師がするとしたら，大変な負担増になってしまいます。準備，片付け，メンテナンスを行ってくれる専門の方がいることで，安心して使えるようになります。
　学習者用コンピュータの可能性は非常に大きいです。
　同時に，スムーズな利用環境を整え，人的配置を含めた運用ノウハウが必要になります。もちろん，学習のどの場面で使うのが効果的という教育課程

の研究も必要です。これは，一気には進まないでしょう。確実にできるところから始めて，教師も子供もそのよさを実感できるようにすることが大事ではないでしょうか。

　ICT環境の整備状況は，全国各地でかなりの差があります。

　一斉授業改善に向けた整備が十分でない学校は，その整備が急がれます。一番時数が多い日常の一斉授業の改善は，子供には分かりやすい楽しい授業の実現となりますし，教師にも大きな負担軽減となります。

　そこから出発して，さらに，新学習指導要領実現の準備が必要です。「整備方針」をしっかり読み込んで準備を進める必要があります。

まとめ

①ICTの活用は，一番多い日常の一斉授業の改善から始める。
②大型提示装置と実物投影機で一斉授業はぐんと改善される。
③個別学習が多いアメリカでも，実物投影機は日常的に活用されている。
④実物投影機の活用にはベテランの技が活きる。
⑤コンピュータも実物投影機も運ぶものではない。常設・固定が大事。
⑥70センチ×70センチ以上の台に実物投影機と指導者用コンピュータを固定すると非常に使いやすい。
⑦タブレットPCなどの学習者用コンピュータは，最初は簡単なことから使い始めるとよい。
⑧大型提示装置で動画をストレスなく見られる通信回線の確保が重要。
⑨一人一台の学習者用コンピュータを毎日使うためには，ICT支援員のサポートがぜひ欲しい。

7 問題意識 ▶ 現代の働きやすい職員室とは

情報を守り共有する「ワイガヤ」職員室

✦ 職員室を変えると働き方が変わる

　学校を働きやすい場に変えるためには、職員室の改善も必要です。

　職員室には、子供と先生が和気あいあいと語らっているイメージがないでしょうか。昭和のほのぼのとした光景は、わたしにも懐かしい限りです。

　しかし、学校に様々な業務が付加されるにしたがい、いつの間にか職員室がひどく乱雑になっていることがあります。わたしが勤務したある学校の着任当初はこんな様子（写真20）でした。

写真20　書類と配線に埋まりそうな職員室

　このときは、わたし自身が若い担任時代に勤務していた学校へ校長として再び異動したのです。20年前とほとんど変わっていなかったその光景にびっくりしました。書類が増え、配線が増え、仕事が増え、職員室はいっそう雑然としていたのです。教頭の背後には、巨大なロッカーが2段積みになっており、地震がきたら命の危険があるほどでした。

学校には，過去のものを大事にする空気があります。そのため書類に限らず，あらゆるものが部屋のあちこちに山積みになっていることがあります。先輩の積み上げた伝統を大事にすることはとてもよいことですが，なんでもかんでも残せばよいというものではありません。また，そもそも忙しさのあまり，片付ける意欲がわかないという事情もあったと思います。

しかし，これでは学びやすく働きやすい学校をつくることはできません。

現代の課題に応えるためには，個人情報をしっかり守りながら，同時に，学校で起きている様々な情報をタイムリーに共有し，迅速にチームで対応する仕組みが必要です。また，子供，保護者，地域とのコミュニケーションの充実も必要です。

がんじがらめに管理された冷たい職員室を目指すのではありません。情報管理の徹底と同時に，教職員や保護者がフランクにワイワイガヤガヤとコミュニケーションを深められる職員室にしたいのです。

「ワイガヤ」とは，ワイワイガヤガヤを縮めた言葉で，本田技研工業で大事にされたミーティング手法として有名です。日常的に，立場を超えて情報共有したり議論したりする文化が，学校にもぜひ必要だと思います。

クールな合理性とワイガヤな空気，矛盾するようですが，学校の問題を解決するために必要なものです。それを目指した職員室と校長室の改善をご紹介します。

🔧 40 職員室に個人情報保護ゾーンを設定する

ICTの活用が進むと同時に，セキュリティの確保がますます強く求められています。教育委員会が管理するシステムには，強力なセキュリティが保たれていますが，現場の学校ではどうでしょうか。

職員室は，個人情報だらけの場所です。そこにあるすべてのものが個人情報と言ってもいいでしょう。しかし，昔と同じように，子供も保護者も企業の方たちも普通に教師の机の横まで来ていることはないでしょうか。フラン

クでとてもよいコミュニケーションの場でもありますが，見方を変えると，金庫の中に誰でも自由に入っている状況と言えなくもありません。

ICTのセキュリティポリシーは明解になっていても，職員室運営のセキュリティポリシーは明解になっていないのです。

また，子供が下校した後，教師が仕事に集中できる環境になっているかも心配です。

教師の放課後の業務時間は，正式にはわずか30分程度しかありません。これではテストの〇付けさえ満足にできません。やむを得ず，休憩時間の45分も仕事に夢中で取り組んでいるのが現実です。当然，机の上にはたくさんの仕事とともに，個人情報が山盛りの状況となります。隣に誰か来る度に片付ける余裕はありません。

この問題を解決するために，職員室の中に「個人情報保護ゾーン」を設定しました。個人情報保護ゾーンとは，守秘義務のある教職員以外の方は入れない場所です。

こうすることで，教師は，近くに誰か来ることを気にすることなく，集中して仕事をすることができます。

設定には，それほど多くの予算は必要ありません。

ロッカーなどを上手く使って，仕切りにすればよいのです。

この学校では，一般の方の出入り口を1つに制限。その入口に近いところ

写真21　手前の線の先は個人情報保護ゾーン

第2章　ICT＋αで学校の日常を改善するアイデア

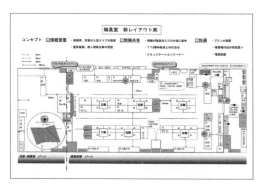

図4　個人情報保護ゾーンのある職員室の設計図

を「コミュニケーションゾーン」とし，奥を「個人情報保護ゾーン」としました。その手前の端には，小さなカウンターを置き，用事のある保護者や企業の方を受け付ける場所にしました。

　狭い職員室に40人を超える教職員がいましたが，何とか仕切ることができました。こうすることで，じっくり話をする場所と個人情報を扱う仕事に集中する場所がはっきりし，非常に機能的な職員室になりました。

　コミュニケーションゾーンには，いつもお菓子を置いて，お茶を飲みながら気軽に相談できる環境としました。教師の小さな打ち合わせや研修もここでできます。職員室以外の場所に出かけることなく，リラックスしながらすぐに打ち合わせできるのです。

 41　職員室に100インチスクリーンとプロジェクタ

　職員室内には100インチのスクリーンと超短焦点型のプロジェクタを固定設置しました。もちろんそこには，実物投影機と校務用コンピュータが常につながれています。

　こうすることで，全体での会議のときに，すぐに必要な資料を大きく映し，みんなで情報共有することができるようになります。これも極めて便利です。どこか別の場所に移動する手間なく，直ちに写真など分かりやすい資料を大

写真22 職員室のスクリーン

写しにして情報共有できるのです。

　例えば，次のような使い方ができます。

　運動会の打ち合わせでは，会場図を大きく映してポイントを指し示しながら説明します。どこで誰が何をするかを共通理解することができます。

　玄関の下駄箱の使い方が乱れているときには，靴が玄関に散らかっている様子を映して，状況を一目で確認することができます。

　嘔吐物の処理には，決まった手順があります。ノロウイルスの飛散を防ぐために，この手順はきちんと守る必要があります。しかし，この処理は毎日するものではないので忘れてしまいがちになります。そんなとき，嘔吐物処理の手順を撮影した動画を映すことですぐに理解できます。

　図書館の使い方が乱れたときには，正しい使い方を示しているスライドを投影し，学級指導に活用してもらうように促すことができます。

　給食の食べ方，破損した食器の後始末のルール，掃除の仕方，保健室利用の仕方……何でも OK です。しかも，以前使ったデータを再活用することも可能なのです。

　実物投影機も常設・固定していますので，その日の新聞記事などを直接映して情報共有することも可能です。

　もうお分かりと思います。

　教室の授業と同じで，大きく拡大して映すことで，教職員の理解が瞬時に

行われ、しかも確実なのです。もちろん、これらの説明に使ったデータはサーバーに格納されていますので、忘れたらいつでも誰でも引き出して使うことができます。それを教室の子供の指導に活かすこともできるのです。仕事が簡単になり、指導の質が上がるのです。

　研修も気軽にできます。

　学校では本当にたくさんの研修が行われます。その度に会議室に移動するのは無駄な時間となります。職員室で直ちに行うことで効率を上げることができます。もちろん授業にかかわる研修も簡単にできます。

　このシステムを利用して、一人一人の教職員の授業技術や特技などを披露してもらう、10分間のミニセミナーを実施したことがあります。全員が1年に一度必ず講師役を務めるのです。スライドを作ってプレゼンしてもらいました。プレゼンの技量が向上したのは言うまでもありません。慣れてくると、スライドなしで、自分の得意な楽器を演奏する先生も現れ、非常に楽しい研修になりました。

写真23　和楽器の研修風景

 42　安心して話せる「職員室内電話ボックス」

　学校の電話は本当によく使われます。

　保護者との相談はもちろん、町内との打ち合わせ、企業の方との連絡、教

育委員会への相談等々，まだまだ電話の役割は大きいです。中には，非常に神経を使う電話相談の場合もあります。そんなとき，職員室のざわつきの中ではとても話しにくいものです。

そこで，職員室の改造の際に「電話ボックス」を作ることにしました。

電話ボックスといっても，町中に昔あった電話ボックスを持ち込んだわけではありません。ロッカーやパーテーションを組み合わせて，下の写真のような職員室のざわついた空気を遮断できるスペースを作ったのです。そこには，メモ用紙，筆記用具，よく使う電話番号帳なども常備しました。

写真24　落ち着いて話のできる電話ボックス

この電話ボックスは，なかなか好評でした。

なにより落ち着いて電話に集中することができます。電話の相手方に，職員室の大きな声が聞こえることもありません。重要な話のときには，2，3人でボックスに入り，相談しながら対応することもありました。

「込み入った電話のときには，校長室の電話を使いましょう」というルールになっている学校もあろうかと思います。ところが，校長の机の上には，個人情報など大事なものが載っていることも多いものです。電話の相手を待たせるわけにもいきませんし，校長の机の上も片付けねばならない……と慌てることになります。慌ててしまうことで，ドキドキが高まっては，じっくりと話もできなくなります。そんなときでも，「職員室内電話ボックス」があれば安心です。

第2章　ICT＋αで学校の日常を改善するアイデア

43 みんなの力で職員室改造

　最も大規模に職員室改造をしたときのことをご紹介します。
　p.104でご紹介した，校長として再度着任した学校での職員室改造です。すでに校舎自体がかなり古くなっていました。しかし，校舎を建て替えるような予算はありませんし，職員室を全部改装してもらう予算もありません。
　新しくきれいな職場で気持ちよく働きたいという気持ちは，みんなの願いでした。個人情報の保護徹底は喫緊の課題ですし，処理すべき書類もたくさんありました。なんといっても，天井から無数に垂れ下がる電源コードやLANコードにはみんな辟易としていました。
　担当者を決め，何度も図面を描いてもらい，みんなで検討。冬休みを活用して自分たちで改造することに決めました。
　まず，職員室の机，ロッカー，コンピュータ，大量の配線などの物品全部を向かい側の3教室に移動し臨時職員室としました。
　床のPタイルは，400枚ほどが欠けたり剥がれたりしてぼろぼろでした。これはとても自分たちの手には負えないので，専門の業者さんに貼り替えてもらいました。幅木から壁までは全部自分たちで塗装しました。天井はあきらめました。
　冬休み中，毎日毎日よくがんばりました。本当にスタッフ全員がよくやっ

写真25　机やロッカーを自分たちで出す

写真26　自分たちで職員室の塗装

写真27　完成した職員室

てくれました。大変な仕事でしたが，できあがったときの気持ちよさは格別でした。

　完成した職員室には，もちろん「個人情報保護ゾーン」「コミュニケーションゾーン」「電話ボックス」を確保。LANや電源の配線関係も全部すっきり整理して，非常に使いやすい職員室になりました。本当は，OAフロアにしたかったのですが，予算オーバーで断念。しかし，天井からの配線は最小限になりました。

　職員室の改造に合わせて，コーヒーカウンターも設置。保護者や地域の方をはじめ教職員もちょっとした時間にすぐ打ち合わせできるような場所をつくりました。椅子はありません。立ったまま，ちょっとお茶を飲み，情報交

換できる場所です。いつの間にか，飴やチョコなどのおやつが用意されていました。小さな工夫ですが，ずっと緊張を強いられているスタッフにはその糸をちょっとゆるめるよい場所になっていたようです。

　働き方改革には，本当にいろいろな取組が可能です。みんなで相談しながらの職員室の改造も大いに効果あります。

🔧44 校長室は経営企画室に改造

　職員室だけでなく，校長室も改造しました。

　一般的な校長室には，立派な応接セットが置かれ，素晴らしい書画などが飾られていることが多いものです。校長室には来客がたくさん来ますので，当然のことです。

　しかし，働き方改革の先頭に立つ校長の役割を考えると，校長室の在り方も少し変わってくるのではないでしょうか。

　働き方改革を実行するためには，学校全体を俯瞰した業務改善が欠かせません。各部での業務改善の相談はもちろん大事ですが，どうしても仕事を足し算するという方向になりがちです。つまり，削減・効率化が中途半端だったり，逆になったりすることが多いのです。小さな努力が集まり，学校全体としてはいつの間にか業務が増えてしまうことがあります。逆に，削ってはいけない仕事を減らしてしまうこともあります。

　学校の働き方改革を実行するには，校長による全体を見渡した経営方針がより重要性を増します。そして，学校経営の中核メンバーがいつでも議論できる体制づくりが必要です。つまり，校長室には，学校経営の企画室としての役割が求められるのです。経営企画室としての校長室に必要なものは，次のものです。

ホワイトボード

　これは必須です。90センチ×180センチの大きさはぜひ欲しいところです。
　わたしは，学校経営上気になることを思いついたらすぐにここに書いておきます。自分のノートに書くことも大事ですが，あえてみんなから見えるところに書いておくのです。経営課題を可視化するのです。
　そして，「これ気になるんだけど，どうしたらいいだろうか？」と教頭や主幹などと相談します。たまたま校長室に入ってきた先生とホワイトボードの前で立ったまま議論することもあります。
　ホワイトボードは校長の頭の中を常にみんなに見てもらい，解決の道をいつでも考え議論する場と言ってもいいでしょう。全員での職員会議は，時間がかかる割に議論が深まりにくいものですが，このホワイトボード前での話は，非常に効率的です。課題が明確化しますし解決策も具体的になります。
　ある程度議論が出尽くしたら，書かれていることを写真に撮って消します。この写真データを保存しておけば，どんな議論をし，どんな解決方法があったかが全部記録されます。これをもとに，どんどん改善案を具体化していくのです。

写真28　ホワイトボードで議論できる校長室

会議用のテーブルと椅子

応接用のテーブルとソファは快適ですが，体が埋まってしまい，ノートに書くのが大変で議論がしにくい欠点があります。快適さのあまり，ついつい長話にもなってしまいます。

応接ソファなどは，着任後すぐに校長室から別の部屋に出してしまいます。そして，とりあえず折りたたみ式の長机とパイプ椅子を入れます。座り心地は悪いのですが，これで校長室が仕事モードに変わります。

こうすることで，資料を見たりノートを取ったりしながらの議論が非常にしやすくなります。

お客様もこのパイプ椅子の校長室にお招きします。

不快な表情をされた方は，一人も記憶にありません。事情を説明すると，むしろ大変興味をもち，学校運営の在り方についてたくさんのご示唆をいただくことができました。

もっとも，さすがに長机やパイプ椅子は，次の校長には引き継げませんので，転勤のときには，しっかりした新しい会議用のテーブルと椅子に更新することにしています。

入口にはのれん

職員室につながる校長室のドアは常にオープンにしておきます。風通しをよくして，いつでも気軽に校長室に出入りできるようにするのです。

前述のとおり，入口には，のれんをかけます。

職員室と校長室の区別は重要です。のれんは境目を明らかにしますが，決して閉鎖的ではありません。むしろ，教職員もわたし自身も出入りしやすい雰囲気がつくれます。

これで，日常的なコミュニケーションが活性化します。

大きな会議を１回するより，小さな相談をたくさんする方が，学校の改善は進みます。よいアイデアが生まれます。小さな相談で具体化されたことを大きな会議に出すことでスムーズな議論が可能となります。

日中校長室のドアを閉めることは，1年を通して全くありません。正しくいえば，入学式と卒業式の際に私が着替えをするときには閉じます。人事を含めたいろいろな相談のときも閉めません。閉めてしまえば，むしろ「人事のことかな」と憶測を生むのではないでしょうか。小声で話せばなんの問題もありません。どんなときも笑顔で出入りできる校長室にすることが，学校改善に必要なのです。
　学校の日常改善には，職員室と校長室の改造が必要です。
　時代が求める学校運営のためには，セキュリティがしっかり確保され，仕事のしやすい職場環境が必要なのです。同時に日常的なコミュニケーションが活性化される工夫も必要です。
　職員室や校長室を改造するのは手間のかかる仕事ではありますが，それをする過程で，長年着手できなかっ教職員一丸となって改造し，きれいで機能的な職員室ができると，教職員の一体感がぐんと高まるのも大きな成果です。

まとめ

① 職員室は変えられないという意識を取り去り，まず，働きやすい職員室の在り方を議論する。
② 職員室には個人情報保護ゾーンを設定し，セキュリティを高める。
③ 同時にコミュニケーションゾーンも設定し，気軽に会話できる場所を確保する。
④ 職員室内で効率的に会議ができるよう，100インチのスクリーンとプロジェクタを設置する。
⑤ 安心して保護者と話ができる電話ボックスを職員室内に作る。
⑥ 校長室には，ホワイトボードなどを入れ，日常的に議論しやすい経営企画室としての機能を高める。

第2章 ICT＋αで学校の日常を改善するアイデア

8

問題意識 ▶ インフラという視点から学校経営を考えているか？

ICT＋αの前に必要な
インフラ整備

✦ 確かなインフラこそが教育の質を高める

　業務を効率化し，教育の質を上げるには，学校のインフラを確かなものにする必要があります。

　学校のインフラにはいろいろなものがあります。

　例えば，風雨や地震に強く，地区の児童が全員入ることができる校舎は学校教育を支える最も重要なインフラでしょう。ハードなインフラです。戦後の一時期には，その校舎さえ確保できず，青空教室もあったと聞きます。耐震性の強化された今の校舎があるからこそ，極めて効果的・効率的な指導ができます。

　各学校の約束や決まり事のようなソフトなインフラも重要です。

　わたしたちが道路を安心して利用し，どこにでも行ける自由を享受できているのは，まずハードの整備が十分だからです。道路そのものが適切に設計され，しっかり舗装されて，メンテナンスも行われています。加えて，道路交通法によって交通ルールが定められています。全国共通の標識や道案内があります。こうしたソフトインフラもハードと合わせて，わたしたちの豊かな生活を支えてくれています。

　学校も同様です。ハードインフラとソフトインフラがかみ合って，初めて効果的・効率的で質の高い指導が可能となります。ここでは，このようなインフラの視点から，学校改善を考えてみましょう。

45 「よくわかる！○○小」（学校基本ガイド）

　みなさんの学校には，学校の取扱説明書のようなものはあるでしょうか？取扱説明書というより「ガイドブック」と言った方がイメージがわくかもしれません。

　学校にはたくさんのルールや手続きがあります。「基本ルールはどうなっているのか」「こんなときどうすればよいのか」と困っていることはないでしょうか。それらが一目で分かるように示されているでしょうか。

　保護者や地域の方から見ると，学校は分かりにくい組織なのではないかと思います。たくさんの決まり事や手続き，日程などが次々とプリントで知らされます。「仕事が終わって帰宅後，子供のプリントを読むのが大変です」「プリントを少し減らせないでしょうか」こうした声を何度も聞いたことがあります。

　実は，教職員にとっても，学校は分かりにくい組織です。それぞれの分掌ごとに次々とルールが提供されたり，保護者へのお知らせが出されたりして，いつの間にか教職員間で解釈にズレが出たり，知らないことがあったりします。

　例えば，「シャープペンシルを持ってきてよいのかどうか」は古典的な疑問かもしれません。こんな簡単なことでさえ，担任によってルールや解釈が違って，混乱を招くことがあります。

　「給食費が引き落としできなかったときはどうすればよいか」と相談を受けることがあります。保護者のみなさんも忙しさの中でついうっかりすることはあるものです。そんなときどうすればよいのか，経験の少ない先生はすぐに説明できるでしょうか。

　小学校ではこうした，ちょっとしたことでの混乱が多いかもしれません。その都度，「正しいルールは何か」「正しい手続きはどうすべきか」を確認するために右往左往します。ルールの場合は，調べているうちに「そもそもどうあるべきか」という議論に発展することもあります。どんどん事態が混乱

する……という経験をおもちの方も多いのではないかと思います。

　もちろん，ルールや手続きでがんじがらめにして窮屈な思いをさせたいわけではありません。

　小学校は，なかなか巨大な組織です。まだまだ自立した行動が難しい子供たちを育てサポートするために，教職員だけでなく保護者，地域の方など多くの人たちが学校にかかわっています。その多くの人が学校の基本的な仕組みを共有することで，学校が分かりやすくなり，業務負荷も減少するのではないでしょうか。

　このように考えて，「学校基本ガイド」を作ることにしました。「よくわかる！○○小」と名付けて，年度初めに発行するのです。

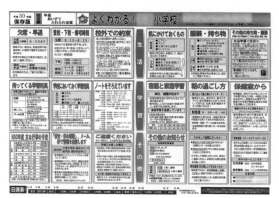

図5　「よくわかる！○○小」

　2015年に最初に作ったときは，Ａ５判16ページ程度のガイドブックにしようと考えていました。しかし，実際に作り始めると，コストがかなりかかることが分かりました。学校で印刷製本する方法もありますが，それだと業務負担がさらに増えます。

　あきらめかけたときにアイデアが浮かびました。

　Ａ３の大きさにまとめることはできないだろうか。そもそも，一覧できるようになっていれば，部屋の中に貼っておいて，すぐに見てもらえるのではないか。

早速，校長室のホワイトボードにアイデアを書き，みんなで議論しました。
　大項目は，「生活」「学習」「その他」の3項目。それぞれに小項目を6つ設定すると全部で18項目の学校基本ガイドができます。これだけあれば大事なことは網羅できそうです。シンプルであればあるほど，子供も保護者も先生たちもみんな分かりやすくなります。そして，経費も安く済みます。Ａ3判1枚であれば，カラーにすることもできますし，毎年微修正して発行することも可能です。ガイドブックより，このＡ3判の学校基本ガイドの方がよいと確信しました。
　少し特徴をご説明しましょう。
　左上には，一番基本となる登校時刻や下校時刻，欠席や早退のときのことなどが書かれています。右下には，困ったときの相談の方法など，いざというときのお役立ち情報があります。
　1段目は，学校生活に毎日必要な情報です。例えば，靴箱の大きさが書いてあります。玄関は非常に重要な場所です。靴箱の乱れは，生活の乱れ，学校の乱れにつながります。でも，そもそも靴箱の大きさが分からなければ，靴箱からはみ出す靴を買ってしまうこともあるでしょう。特に，半年の間雪の中を学校に通う北国の子にとっては，冬の長靴は非常に重要なのです。勤務校の靴箱の内のりは，幅22センチ×高さ27センチでした。小さな情報ですが，これを共有できることで，玄関の乱れは大幅に減ります。
　机の横にかけておく物や持ち物も明確にしています。雑巾を留めるための紐の長さも明記しています。簡単なことだけどつい分からなくなりがちなことをはっきりさせているのです。これで，経験の浅い教師も，一つ一つ説明する必要がなくなります。
　水泳学習のルールについても明記しています。これは命にかかわることなので《重要》として，強調しています。水泳カードに確認印がないときにはプールに入られないことが明記してあるのはもちろん，その場合に学校からの電話確認はしないことまではっきり書いてあります。水泳学習のときの担任の準備はかなり慌ただしいものです。ですから，電話で「プールに入れて

よいかどうか」を確認する余裕は全くありません。そのことを最初にはっきりさせておくことは非常に重要です。また、担任によって、電話したりしなかったりという混乱もなくなります。

２段目には、学校に持ってくる学習用具やノートの規格、宿題と家庭学習の意味など学習に関係あることが明記されています。栄養教諭や養護教諭からの大事な情報もここに入れています。

３段目には、その他の大事な情報を掲載しています。意外と忘れやすい主な年間行事予定、うっかり給食費の納入を忘れたときの対応方法、怪我をしたときの手続き、子育てに悩んだときの相談窓口等々、普段話題になりにくいけど知っていると助かる情報が書いてあります。

この「よく分かる！○○小」は、入学や転入時の説明にも非常に役に立ちます。すでに転入前にホームページで見てくる方もいます。教師も学校の基本を説明するのがとても簡単になります。

「学校の基本的な決まり事を明確にする」これは意外な盲点です。みんな明確にしているつもりですが、そうなっていません。全員に浸透していないのです。

ある学校を訪問したとき、教室の横の掲示板一面に決まり事のプリントが８枚貼ってありました。各校務部会から出された様々な決まりのお知らせがたくさんあるのです。これは先生たちでさえ全部覚えるのは大変です。Ａ先生の説明とＢ先生の説明が食い違うと小さな混乱が起きます。こうした小さなほころびから学校への信頼は下がります。そして、どんどん時間が奪われるのです。

今、この「よくわかる！○○小」は、全国各地から照会をいただくようになりました。どうやら、四国や九州まで広がっているようです。こちらから基本データをお渡しした学校からは、その学校の完成版もいただいているのですが、まさにお国柄というか地域や学校の特色が見えて本当に興味深いです。

みなさんの学校でもトライアルしてみてはどうでしょうか。

ICTインフラが教育の質を支える時代

　ICTは，現代の教育を支える最も重要なインフラです。
　中でも，通信品質の高いLANは，なにより重要です。
　札幌市の教室には，10年以上前から情報コンセントが設置されています。つまり有線LANが全教室に届いているのです。最初は，この重要性に気づいている教職員は非常に少なかったのではないかと思います。なにしろ，まだ教室にも職員室にもコンピュータがほとんどない時代にLANを敷設したのですから。
　しかし，この言わば先行投資には大きな意味がありました。このLANが今非常に活用されているのは言うまでもありません。
　有線であれ無線であれ，LANは，学校が独自に設置するのは難しいと思われます。天井裏の配線やサーバーが必要であり，たくさんのハブが必要です。もちろんそのメンテナンスも重要です。セキュアに安定してデータを流せる強靱なシステムが必要です。
　札幌市では，さらに特別教室も含めた全教室に約50インチの大型提示装置（液晶テレビ）が設置されています。2009年度のスクール・ニューディール構想のときに一気に導入したのです。当時は，50インチはまだまだ「驚くべき大きさ」と感じたものです。40インチ程度のテレビにした自治体も多い中で，50インチの大型提示装置を通常教室だけでなく特別教室にまで設置したのは大英断でした。
　札幌市の小学校ではその後，実物投影機の整備が一気に進みました。各校あたり6台は教育委員会による整備。全教室に整備するにはさらに数台の購入が必要な学校が多かったと思います。それを自校の予算で措置した学校が非常に多かったのです。
　教室への指導者用コンピュータの整備も進んでいます。これも6台は教育委員会による整備です。他は，更新期を迎えた校務用コンピュータを再利用しているケースが多いようです。少々スペックは落ちますが，教室で使うに

は十分な性能があります。

　情報ネットワークと機器が揃ったら次に課題となるのが，通信の品質です。

　小学校では，動画をしっかり見ることができるかどうかが大事なポイントです。

　前述のように，NHK for School には優れたコンテンツがたくさんあります。これを自由自在に使えることができれば，教師の授業準備の負担を減らし，日常授業の質を向上させる可能性があります。

　インターネットが普及する以前は，番組表で決められた時間で授業する必要がありました。内容を絞り込んだビデオクリップもありませんでした。しかし今は違います。自分の都合に合わせたり，子供の問題意識に合わせたりして，授業の途中の必要なところで優れたコンテンツを思いどおりに使うことができるのです。

　しかし，ネットワークの品質が低いと，動画が途切れてしまうことがあります。途中で止まってしまっては，授業では使えません。

　安定した高品質な通信のできるLANがない教室はまだまだたくさんありそうです。NHK放送文化研究所による2016年度の「NHK小学校教師のメディア利用と意識に関する調査」によれば，問題なく動画を視聴できている教師は，35％にとどまっているといいます。

　前掲の「整備方針」によれば，「今後の学習活動において，最低限必要とされ，かつ，優先的に整備すべきICT機器等」として重要なことがたくさん書いてあります。例えば，通信に関しては，教室への無線LAN環境の整備が明記されています。

　LANについては，授業の中断が起きないような品質が重要です。「整備指針」にも「大容量のデータのダウンロードや集中アクセスにおいても通信速度またはネットワークの通信量が確保されること」と書かれています。授業の中断は，子供にとっても教師にとっても非常に大きなストレスです。ストレスが大きければ，結局，そのICTインフラは使われなくなります。いつも渋滞ばかりの道路が使われなくなるのと同じことです。

また，動画の視聴については「大型提示装置により視聴することを想定」となっています。つまり，一人一台の環境で全員が動画をスイスイ見るのは，さすがに難しいとしても，教室でみんなが大型提示装置で見られるようにはしましょうという意味だと思います。これはぜひ実現したいものです。
　「せっかく設置したのに，まだ教室でコンピュータが十分使われていない」という声もあります。その原因は様々に考えられますが，もしかしたら動画が止まってしまう程度の通信品質のためかもしれません。学校の隠れた需要は相当大きいと思います。ICTインフラをますます充実していきたいものです。

まとめ

①業務を効率化しながら教育の質を上げるには，ハードとソフトのインフラ整備が重要。

②学校の基本ルールや困ったときの対応の仕方などは，意外なほど共通理解されていない。そのため無用の混乱が起きる。

③学校の基本ルールなどをＡ３判の「よくわかる！○○小」（学校基本ガイド）にまとめると保護者・教職員みんなの共通理解が進む。これは，有効なソフトインフラ。

④ICTは，現代の学校教育を支える重要なインフラとして設置し，メンテナンスする必要がある。

⑤特に，通信品質の高いLANの整備は必須である。

忘れられないあの日のメール

東日本大震災のことが忘れられません。

2011年3月11日14時46分，札幌にも大きな揺れが襲いました。

当時勤務していた学校では，ちょうど下校準備をしていたところでした。

札幌では珍しい震度4。しかも，経験のないほど揺れは長く続きました。これは，ただ事ではないと直感しました。直ちに子供の安全を確認，幸い怪我も校舎の被害もなし。ほっとしました。

次に必要なことは何か……。

「全員無事だから，何も情報発信の必要はない」とも考えましたが，「無事の知らせこそ大事」という危機管理の専門家，故・佐々淳行氏の言葉を思い出しメールを発信することにしました。

当時すでに，この学校では緊急メールのシステムが整っていたので，地震直後に2回のメールを配信したのです。

1回目は，「全児童が無事である」というメール（写真29）。

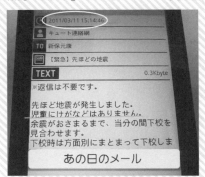

写真29　3.11東日本大震災　緊急メールの画面

2回目は「余震が収まるまで下校を遅らせる。集団下校する。できれば通学路まで出て子供を迎えてほしい」という内容でした。

その後，15時30分頃からメールの配信は一切できなくなりました。

当日は，5時間授業で，通常であれば15時前には下校しますので，この連絡で安心した方たちが本当に多かったのです。後にたくさんの感謝の言葉をいただきました。

感激したのは，その後集団下校したときです。
　教師が付き添って下校したとき，通学路には実にたくさんの保護者が待っていてくれたのです。みなさんメールを見て外に出ていてくれたのです。あのときの子供たちの笑顔，保護者のみなさんのほっとした表情が忘れられません。
　緊急メール配信の価値をつくづく感じた瞬間でした。これは，電話連絡網ではできないICTの恩恵でした。

第3章

改善を実現するためのヒント

学校の日常を少しでも改善したい。

これは，全国の校長の願いです。

いや，すべての教職員にとって共通の強い願いです。

しかし，みんながそう思っているのに現実の学校はなかなか変われない。どうしてなのでしょう。

苦労して丁寧な原案を作り，手続きを大事に一歩一歩積み上げて学校改善を進めようとします。……しかし，現実はなかなか厳しいものです。議論ばかりでなかなか前進しない。改善が今ひとつ不徹底で成果が出ない。

最後に，こんな学校改善の壁を越えるための＋αを考えてみます。

時間とコストは切り下げ，質を向上させる

学校の日常改善を進めるには，当たり前の原則を何度も何度も繰り返してスタッフに語りかけることが大事です。

その原則とは，「時間とコストは切り下げ，質を向上させる」ということです。これは，どの仕事にも当てはまる仕事の原則ではないでしょうか。

単に時間とコストを削るだけなら，その会社は潰れてしまうでしょう。時間とコストを削減しながら，提供するサービスの質の向上を図らなければなりません。公立学校も同じです。

公立学校は，税金で運営されていますので，本当は，民間企業以上にこうした努力は必要なはずです。このことがどれだけ意識されているでしょうか。

特に学校では，時間も結局はコストだという意識はほとんど薄いように感じます。

そして，働き方改革の話題で気になるのは，教育の質の向上があまり語られないことです。なにしろ超過勤務の現状があまりに過酷だという現実があります。命にかかわる問題という現実もありますので，今の段階ではそれも当然と思います。

しかし，働き方改革の進展で，日本型学校教育のよさが失われるとしたら，

国民の支持は失われるのではないでしょうか。

　言い尽くされていることですが，日本は資源の少ない国です。優れた人材を輩出することでしか生き残れないとすれば，教育の質の向上はますます重要です。もちろん，教育基本法第10条に立ち返るまでもなく，教育の原点は家庭にあります。家庭と学校が手を取り合い，教育の質を高める必要があります。

予算をかけるべきところにかける

　時間とコストを下げるときには，十分に注意が必要です。これまでの経験でいえば，こうした話を現実化するときに起きがちな失敗があります。

　一つは，繰り返しになりますが，単なる「時短」だけを最終的な目的にしてしまうことです。その結果，必要な仕事も削減してしまう危険性があります。実際の現場で削ってはいけない本質と無駄を見極めるのは意外と難しいものです。子供と向き合う時間を確保するために無駄を削る。教育の質を向上させるためにこそ無理・無駄を削る。この原則を学校現場で徹底的に共有する必要があります。

　もう一つは，言わば「けちけち作戦」の危険性です。この作戦は，確かに予算的にはよいのですが，時間や手間がやたらと増えてしまうことがあります。

　例えば，無駄を削りましょうと言えば，「裏紙活用」がすぐ始まります。わたしの学校では裏紙の使用は禁じています。裏紙を使えるように整理するのは意外と手間がかかります。また，裏紙に万が一個人情報が載っていたら大変なことになります。学校は，大量の紙を使う職場です。そこでみなフル回転で働いていますので，紙の裏に何が書いてあるかを確認する時間はありません。必要な用紙は，しっかり購入してよいのではないでしょうか。

　牛乳パックのリサイクルもよく取り組まれています。リサイクル意識を高める教育効果は非常に大きいと思われます。しかし，40人の子供が，牛乳パ

ックを洗い，それを乾燥させる手間暇は大変なものです。うっかりするとひどい臭いの発生源となります。臭いだけなら我慢もできましょう。しかし，その本質は不衛生ということです。そして牛乳パックを洗うためには大量の水道水を使います。これでは節水に反してしまいます。

　学校は，よいと思われることには何でもかんでも取り組む傾向があります。手間と成果をしっかり比較衡量し，むやみに理想を追わないことが大事ではないでしょうか。牛乳パックのリサイクルは学校では行わないのも一つの正しい経営判断です。

　けちけちだけでは，学校の働き方改革はできません。教育の質も上がりません。時間も予算も，必要なところにはしっかり使うべきです。

　コピー機は，もう10年以上前から複合機が当たり前です。簡単な製本ができるフィニッシャーがついたものもあります。導入するときには，こうしたフィニッシャーつきの少しでも性能のよいものを入れるべきです。FAX番号も，いつも使う相手先番号リストをインストールした状態で納品してもらうととても便利です。これらのことによって多少コストがかかっても，教職員の時間が削減される効果は非常に大きいです。ところが，未だにコピー機はコピー機，FAXはFAXとして別々に購入している例もあるようです。FAX番号も未だに毎回毎回手入力……ということもあります。

　教室のICT機器整備も予算を優先的かつ継続的に投じたいところです。

　前述のとおり，一斉授業の質を向上させるために教室に実物投影機やコンピュータなどのICT機器整備を進めることが非常に大事です。常設・固定するには，それなりの予算が必要です。ここにも投資は惜しむべきではありません。また，継続的に整備を進めることが必要です。

　学校には予算委員会を設置していることが多いと思います。各学年や各校務分掌から上がってきた要望をもとに学校予算の使い道を検討する仕組みです。この予算委員会が単なる予算の「公平な」分配に終わってはいけません。学校の課題を見極め，今何に重点を置いて予算を使うべきか議論が必要です。当然，学校経営方針に沿った議論となりますし，校長は最終的な決断を求め

られます。
　教育の質を向上させるために，そして，時間を生み出すために，無駄を省き使うべきところに予算をしっかり使うことが大事なのです。

「学校に無駄はない」この気持ちを超えられるか

　「学校に無駄はないですか？」と聞いたときに，よくありがちな反応があります。
　「わたしたちが無駄な仕事をしているというのですか？」「子供のために，必死にがんばっているのに！」という声です。
　この気持ちは本当によく分かります。こうした熱心な人たちの奮闘により我が国の教育が支えられてきたのは事実です。
　そして，これまで管理職は「子供たちのために，がんばりましょう」と頭を下げてきたのも事実です。教師という崇高な仕事の世界に飛び込んできた真面目な若者たちの気持ちに訴えかけ，励まし，共に「子供のために」とがんばってきたのです。そうした期待に真正面から応え，自分の時間を削り奮闘してきた人たちがたくさんいるのです。そうした仲間への敬意を忘れてはいけないと思います。
　同時に，このままでよいのかと立ち止まって考えることも必要です。こうした汗の流し方を，後輩に引き継いでいくことでよいのか……と問いたいのです。
　個々人が，それぞれの価値観で時間を超えて奮闘するのはなんの問題もありません。しかし，それが学校という組織全体の動きを縛るものとなってはいけません。若い頃のわたしの超過勤務も，思いの純粋さはあったとしても，組織としては迷惑をかけていたことも多かったのではと思います。
　「無駄」という言葉がよくないのかもしれません。
　確かに学校に無駄はありません。必要なことばかりです。無駄どころか，あふれる仕事と必死に格闘しているのが現実です。しかし，その仕事の仕方

にはもっとよい方法がないのでしょうか。
　実物投影機でもっと効果的に教えられないでしょうか……。
　ビデオクリップでより分かりやすい授業にならないでしょうか……。
　校務支援システムで，朝会を減らせないでしょうか……。
　そうすれば，もっと学校にゆとりが生まれるのではないでしょうか……。
　これまでの奮闘は決して無駄ではありません。
　教職員みんなの奮闘が世界に誇る日本型学校教育を創り上げたのは紛れもない事実です。そのよさを持続可能なものにし，さらに向上させるためにこそ働き方改革が必要であり，現場の改善が大事なのです。

次の仲間のために，「今こそ，変える」覚悟を

　学校には「前年どおりにしましょう」という空気があります。
　意外かもしれませんが，「時間を減らしましょう」という提案でさえ，なかなか合意されません。各学校，各自のこれまでのやり方を変えるのは大変なのです。
　今の時代，校長は，超過勤務に大変敏感になっています。昔のようにむやみに長時間働かせようとする管理職は皆無でしょう。
　ところが，校長が心配して業務改善をしようとしても，一般の教師から「ウチの学校では，このやり方が伝統的に続いているのです。校長先生，まず理解してください」と諫められることさえあります。
　また，各自がバラバラに独自の方法で業務を進めている場合もよくあります。教師の仕事の大部分は，各教室でそれぞれに行われます。若いときに身につけた独自の指導スタイルをなかなか変えられないこともよくあるのです。独特の教育技法は，もちろん重要です。味のある教師はこれからも残ってほしいと思います。しかし，限度があるのではないでしょうか。
　これまでの方法を変えられない。この壁をみんなでどうやって越えていくか，ここに悩んでいる学校はとても多いと思います。

この壁を越えるマジックワードがあります。

「次の仲間のために！」と呼びかけるのです。

「今の自分たちの困りや悩みを次に引き継がない」こう考えることで、みんなの気持ちが少し動きます。勇気が出てきます。変わり目のモヤモヤを越えていけるのです。

自分のためだけなら、何も変えないのが一番よいのです。しかし、それではいつまでも問題は解決しません。次世代の仲間も同じ困難にぶつかってしまいます。しかし、後輩のために道をきれいに掃除しておけば、同じところで躓く人はいなくなります。次の世代のために、今わたしたちが業務を見直し、標準化や効率化を進めるのです。

民間企業に勤めた経験がありませんので詳しいことは分かりませんが、民間企業では「生き残りのために変える」ということがあるのではないでしょうか。「変えざるを得ない」「効率化せざるを得ない」そうした空気があるのではと思います。それは、もちろんつらいことでしょうが、企業の活力の源となっているのでしょう。

公立学校は、決して潰れることはありません。教育にとってこの安定は非常に重要なものです。しかし、そのことが、変わりにくい空気の原因になっているのかもしれません。

次世代の仲間のためにこそ、わたしたちは自らの業務スタイルを合理的に見直していかねばなりません。

「痛くない手術はない」見通しを示し励ます

小さな改善であっても、痛みは出ます。

むしろ、しばらくの間は、以前より痛みが増すことすらあります。

改善を推進するリーダーはこのことを忘れてはなりません。また、このことをみんなに前もって周知することが大事です。

改善を進めるときに「こうすればよくなります」と、よいことばかりを強

調することがあります。異論が多いとなおさら力が入って「よくなる」と連呼してしまいがちです。

　これは，みんなの期待値を高めるだけに終わる可能性があります。

　期待値が高くなりすぎると，上手くいかないときに失望の深みにはまってしまいます。

　ICTをちょっと入れたぐらいで，簡単に学校が変わるとは思わないことです。

　改善の必要性と意味を繰り返し訴えかけると同時に，その実現までの苦しみについても前もって説明しておくことが大事です。正直に難しさを説明し，同時に，この困難の後にどんな成果が期待できるかを訴えかけねばなりません。

　わたしの経験では，改善直後の困難についての説明を丁寧にすれば，みんなは分かってくれると感じています。むしろ，夢物語を語り続けてしまうと信用してもらえません。

　先生たちは，本当の話を求めています。

　リーダーには，耳障りなつらい話を落ち着いてする力が求められるのかもしれません。

　学校の苦しみは本当に深いです。

　ですから，校長が覚悟を決め，正面から「痛くない手術はない」ことを話せば，みんなは聞いてくれます。そして，全員で「後輩のために困難を越えていこう」と一丸になることができるのです。

 小さな成功に光を当て共有する

　前述のとおり，改善を進めても明らかな成果が出るには時間が必要です。その間，校長は，じっと耐えながら小さな成果が芽生えるのを見守る必要があります。そして，小さな成功を発見して，みんなで共有するのです。

　10年ほど前に職員朝会を全廃したときには，不安の声がたくさんありまし

た。それはそうだと思います。今まで，長年にわたりそうした慣行でやってきたのですから。もちろん，朝の情報共有そのものは重要です。

　当時，使用したグループウエアは，本当に貧弱なものでした。児童向けの教育用ソフトウエアに付属されていたグループウエアを実験的に職員室で使っていたのです。そこに書き込める情報量も十分とは言えませんでした。しかし，これを活用し，職員朝会全廃にトライアルしたのです。実行して不具合があれば元に戻すことを約束しました。

　ある日の朝のことです。玄関の靴箱の上に女性の先生の鞄がぽんと置いてありました。

写真30　玄関の上の鞄

　その先生は，子育て中の方でした。保育園に子供を預けて急いで学校に来たのです。玄関に鞄を置いて，すぐに児童の登校指導に出ていたのでした。少し遅れてくる不登校傾向の子供に声をかけていたのです。今までなら，職員朝会がありますので，まず2階の職員室に上がらなくてはなりませんでした。しかし，グループウエアであとから情報共有できるので，職員室に行かずにすぐに子供に声をかけに行くことができるようになったのです。

　職員朝会の在り方を少し変えるだけで，子供にとっても，先生にとっても，その先生のお子さんにとってもメリットがあったのです。このことに気づいたときは本当に感動しましたし，やはり職員朝会はなくせると確信しました。

　一人一人に話を聞くと，小さな成果は他にもありました。職員朝会がなく

てもグループウエアを使うことで,「あとで何度でも見直すことができる」「印刷して確認することもできる」等々の成果が生まれていたのです。むしろ口頭で情報を共有していた頃より確実性が高まっていました。

会議で聞いても何も成果は報告されなかったかもしれません。「職員朝会は残すべきだ」と考える仲間が多い中で,逆の成果を発表するのは難しいでしょう。改善後の小さな成果を発見するのは,管理職の大事な役目なのです。

発見された小さな成果は,職員室やPTA室でさりげなく何度も話題にしました。それも,会議での報告ではなく日常のつぶやきです。大袈裟に言わず,起きている事実を少しずつ共有したのです。こうして,いつの間にか「職員朝会は必要ない」という空気が職員室内で共有されるようになったのです。

改善で得られる成果は小さなものです。しかし,その小さな成果も積み重なると大きなものになります。そこに至るまでの小さな成功に光を当て,前進している実感をみんなで共有することが大事です。そうすることで,改善を継続させることができます。そして,継続こそがなによりの大きな力なのです。

「知らせる努力・知る努力」が究極の情報共有

チーム学校をスムーズに運営するにはICTが必須です。

今の学校には,出勤時間も退勤時間も違う多様な勤務形態の職員がいます。職員朝会に全員が揃い1回で情報共有できた時代はとうの昔に終わっています。グループウエアでこまめに情報共有するのは必須です。

では,ICTだけで情報共有が可能かといえば決してそうはなりません。

学校でも地域でも,普段のお付き合いの中での情報共有が極めて大事です。ちょっとしたことでも気軽に声をかけ合える関係づくりが大事です。まさに,ICT＋αが必要なのです。

ここでの「＋α」とは,p.48でもご紹介した通り,互いに「知らせる努

力・知る努力」を意識することです。「あなたは知らせる立場の人」「わたしは情報を受け取る側」というような一方的な関係では上手くいきません。お互いが知らせる努力をすべきであり、お互いが知る努力を惜しんではいけません。

つまり、最も大事なのは、「知らせる努力・知る努力」です。これを実現するためには、普段からのフランクな人間関係が重要です。そして自省の心も重要です。

「そんな話聞いていない！」という問題が発生したときは、相手をなじるのではなく、互いに「為すべきことを為していたか」と自らをふり返る必要があります。こうした雰囲気を職員室内につくることがとても大事なことです。

さらに、柔軟な対応力も必要です。

例えば、職員朝会を廃止しても、どうしても緊急に伝えなければならないことが発生します。そんなときどうすればよいでしょうか。

子供の安全・安心にかかわることは、校内放送で一気に伝えることができます。この方が段階を経た情報伝達より確実で素早くできます。

職員だけに伝えたいことは、職員室内で少し大きな声で伝える方法もあります。学年ごとの固まりに次々と口頭で伝えることもできます。もちろん学年主任に集まってもらい、簡単に議論してから伝えてもらうこともあります。柔軟に考えれば、情報共有にはたくさんの方法があるのです。

ICTを軸にしながら「知らせる努力・知る努力」を意識し柔軟な対応をすることで、情報共有の質と量は格段に豊かになります。

軽やかに日常授業の改善を図る研究も大切

以前から、日本の小学校で盛んに行われている「授業研究」が、世界から注目されています。英語では、レッスンスタディと言うそうです。教師が、互いに授業を自ら公開し、よりよい授業の在り方を共に学び合う姿は世界に

誇るべきものです。大事な日本の学校文化として，これからも大事にしていかなくてはなりません。

ただ，この授業研究にも改善の余地はありそうです。

授業研究が，特別な教師による特別な日のための研究になってはいないでしょうか。

特に公開研究会は，その晴れ舞台です。わたしも何度も経験しましたし，そこで厳しい指導を受け，育てていただいたことも実感しています。

しかし，その一方で，「研究」に静かに背を向ける教師の姿もたくさん見てきました。決して怠けているのではありません。むしろ，口数は少なくても学校を支えている縁の下の力持ちのような教師たちです。表舞台に立って研究発表するのは苦手ですが，日々やんちゃな子たちの面倒を見たり，みんなの仕事をがっちりサポートしたりして，保護者や同僚からの厚い信頼を得ている大事な仲間です。

わたしは，担任をはずれて管理運営的な仕事をするようになってからは，ますますこうした多くの教師たちのがんばりが学校を支えていることに気づかされました。

どちらが正しいということを言いたいわけではありません。先端的な研究も必要ですし，縁の下の力持ちも必要です。

問題は，学校の日常改善に効く研究がまだまだ不足してはいないかということです。

例えば，授業研究でつくられる授業は，スペシャルな授業となります。研究会のその日一日のための授業づくりに何日も何時間もかかることがあります。その過程は大変貴重で尊いものですが，子育て中の教師にはなかなかその時間は取れないのではないでしょうか。

時間と手間をかけ，教室中にその成果を掲示しながら行われる研究会の授業。素晴らしい授業です。その先生，その学級の子供たちの奮闘に心から感動します。しかし，その授業やそうした環境を日々当たり前に継続できる教師はどれくらいいるのでしょうか。

わたしもそうした研究授業に何度も挑戦しました。わたしの仕事の効率が悪いためとは思いますが，毎日毎日深夜まで授業づくりに取り組んだものです。家内も同じ教師でしたが，家庭のことはずいぶんと任せきりで迷惑をかけました。そして，わたしの練りに練った指導案を「同じようにやってみては」とは，ついに言えませんでした。あまりにも手間がかかりすぎるため，忙しい家内にはとても勧める気持ちになれなかったのです。
　繰り返し申し上げますが，授業研究は日本の誇る大事な学校文化です。
　その方向を少し改善してはと思うのです。
　晴れの日の特別な授業だけではなく，日常授業の改善に取り組む研究です。
　例えて言えば，「スーパーカーをつくる研究」ではなく，「大衆車をつくる研究」と言ってもいいかもしれません。授業準備は少なく，授業の成果はより大きくなりやすい方法を探るのです。燃費のよい研究と言ってもいいかもしれません。そんな授業研究は邪道なのでしょうか。
　公開研究授業の後の話し合いでは，時々こんな言葉を聞くことがあります。「今日は切腹覚悟で授業しました。みなさん，どうかわたしを切ってください！」その先生は，まさに命を削る思いでがんばったのだなと思います。その努力は尊いですし，必ず実を結ぶと思います。
　しかし，そんな時代劇的な奮闘をせずとも，軽やかに授業をつくり，軽やかに評価し，軽やかに次の授業に向かうことはできないものでしょうか。
　今，全国で教師の世代交代が急激に進みつつあります。クールな若い世代の教師には，夫婦での子育ても楽しみながら，リラックスして日常の授業改善に取り組んでほしいと思います。それは，教科の専門家が唸るような授業でなくてよいと思います。ICTもさりげなく使いながら，子供の日々のがんばりが積み上がるような授業です。
　若い世代が創る日本のレッスンスタディがどんな形になるのか……わたしの老後の楽しみになることでしょう。

確かな教材を徹底的に使う

　小学校の教師は，教材を自作することがよくあります。
　自作する過程で，教材研究を深め，授業の流れを確認していきます。授業準備の中でも非常に大事な作業と言えます。
　しかし，少し残念なことが3つあります。
　まず，忙しい中で作った自作教材には間違いもありがちだということです。よかれと思って作る教材ですが，仲間と十分点検したり吟味したりする時間はそれほどありません。これではうっかりすると質の低い教材で子供たちに学ばせることにもなりかねません。
　第二に，自作にこだわるあまり，教科書や副読本などの教材を軽視する傾向があることです。
　教科書や副読本などは，専門家によって練りに練られて作られています。それを超えるだけの教材研究をするのは，なかなか大変なことです。
　「教科書は使いにくい」「副読本じゃ授業できない」という声を聞くこともあります。研究授業のときには教科書を全く使わないこともよくある光景です。
　「教科書を超えるような授業づくりをしたい」という意気込みはとても大事なことですし，そうした気概をもって授業に臨むことは教師の誇りでもあるでしょう。同時に，専門家の作った教材に敬意を払うことも大事なことではないでしょうか。
　広い目で見ると，全国どこでも一定の教育の質が保たれているのは，日本の教科書制度のおかげでもあります。また，古くから教材を作り続けてきたたくさんの企業の努力もそれを支えてきたのだと思います。当然そこには，多くの先輩教師からのフィードバックもなされ，質の向上が図られています。
　限られた時間の中で準備して，より質の高い授業をするには，こうした確かな教材に敬意を払い効果的に使うのもよいのではないでしょうか。
　正直にいえば，わたしも若い頃は教科書などを軽く見ていた一人です。自

分で教材を作った方がよいとすら思い込んでいました。しかし，途中でこの過ちに気づき，教科書を大事に使うようになりました。

「教科書で学ぶだけでは，考える力をつけることはできない」という方もいます。本当でしょうか。文部科学省の検定を受けた教科書には，しっかりと考える場面が設定されています。そもそも，学習指導要領と教科書は一体なのですから，当然のことです。2020年から使われる新しい教科書は，きっと主体的・対話的で深い学びができるように作られているのだと思います。

教科書だけで学習すれば十分であると言っているのではありません。

時間がない中で授業の質を向上させ安定させるには，教科書を着実に利用するという方法があることを思い出したいのです。教師が教科書を大事にすれば，子供も大事にします。そこをベースに主体的・対話的で深い学びを実現することもできるのではないでしょうか。

第三に，前述のとおり，仲間の作った教材の共有が不足していることも残念に思います。

民間教育団体などで専門的に研究した先生が独自の教材を作ることがあります。社会科では地域の学習をする際に，独自教材をよく作成します。時間をかけ努力して作成した教材が，意外と共有されていないのではないでしょうか。

ICTの進化によって，自作教材の共有は格段にしやすくなっています。サーバーに自作教材を保存し，どんどん仲間に使ってもらうのです。これは同時に教材の評価と改善につながります。互いに自作教材を使い，それを評価し，改善を積み重ねていくのです。地域教材の質をどんどん向上させたいものです。

ミドルリーダーを育てる企画会議

学校改善を推進するには，ミドルリーダーの働きが最も大事です。

わたしは，このミドルリーダーに本当に恵まれました。つくづくラッキー

だったと思います。

　もちろん，素晴らしい能力と熱いハートをもったミドルリーダーでも，そのままでは学校改善のエンジンにはなりません。ミドルリーダーに，校長の哲学を理解し，経営方針を実現してもらうには戦略が必要です。

　わたしは，どの学校でも毎週1回，必ず企画会議を実施してきました。企画会議とは，学校経営の具体策を企画し推進する会議です。メンバーは，校長，教頭，主幹教諭，教務主任などの担任外の教諭です。事務職員と養護教諭にも必要に応じて入ってもらいました。

　この企画会議では，まず，毎週必ず2週分のスケジュール確認をします。場合によっては1，2ヶ月先まで確認検討します。さらに各担当の業務進行状況を共有し，学校課題について議論します。いじめや不登校などで困っている子供についての情報は，毎日の情報共有に加え，この企画委員会でも必ず取り上げてきました。

　司会進行は，教頭や主幹教諭にしてもらいます。わたしも遠慮せずにどんどん話します。

　話し合いは常に，ホワイトボードに書きながら行います。これも誰が書くとは決まっていません。必要だと感じた人がどんどん書くのです。ここに書くことで，論点が明確になります。解決したこと，解決していないことがそれぞれはっきりします。解決していないことについては，誰が担当者として解決にあたるかを明記します。

　この会議は，メンバーが全員揃わなくても行います。わたしが出張などで不在のときにも行います。そして，あとで情報を共有するのです。出張中のときには，大事な業務連絡がメールなどで送られてきます。

　毎回，1時間程度の打ち合わせですが，この企画会議の中でミドルリーダーがどんどん育っていきます。ミドルリーダーは，つい先日まで担任として活躍していた人たちです。管理運営という目線で学校を見たことはほとんどありません。これまでと違う視点に立つことで，文部科学省や教育委員会がどんな方向に動こうとしているのか，それを校長がどう消化して学校の中に

実現しようとしているのか，だんだん見えてくるようになります。

　これまでは，校内でのミドルリーダーの育成は，見よう見まねであったり，前任者からの引継で行われたことが多かったと思います。これも大事な育成方法です。加えて，管理運営の視点を意識的に学ぶことも重要です。教育委員会からは，その年度ごとの学校教育の重点が示されています。また，たくさんの重要な指導があります。それらを企画会議で共有し，意味を共通理解し，学校経営に反映させることが大事です。企画会議で毎週こうした議論をする中で，経営力の高いミドルリーダーを育てることができます。

来客は歓迎し，日常の学校を見ていただく

　来客はいつでも大歓迎します。そして，普段どおりの学校の様子を見ていただきます。

　教育委員会の方が来校したときも，どんな高名な方がいらっしゃったときにも，先生たちには普段どおりの授業をお願いしました。

　もちろん，どの教室に行くかも一切決めません。

　お越しくださるみなさんにも「普段どおりですがよろしいですか」とあらかじめお断りしました。本当に毎年たくさんの方を学校にお迎えしましたが，どの方にも普段どおりの学校を見られたことが一番参考になったとおっしゃっていただきました。

　若い頃のわたしの経験では，お客様がいらっしゃるときには大騒ぎをしたものです。お客様の言わば「格」によって，2，3日前から掃除をしたこともあります。そして，ちょっとよそ行きの授業をします。子供たちには，お客様にご挨拶をするよう，特段の指導をするのも，よくある光景でした。

　しかし，わたしの学校では一切しませんでした。

　来客が教室に入っても，子供たちは挨拶しません。子供たちにとっては毎日の当たり前の授業です。授業中は授業に集中するのは当然のことです。廊下などでは，きちんと挨拶しますが，授業中は別です。

ちなみに，研究授業のときに，参会者に「よろしくお願いします」とか「ありがとうございました」といった挨拶をする風習もありますが，これも一切しませんでした。子供にも先生にもとにかく授業に集中してくださいとお願いしました。

　そして，来客をご案内するときには，日常の学校の中でどんな風に教職員が奮闘しているのか，その背景などを丁寧に説明するようにしました。なぜこんな授業をしているのか，その意図は何か，教師や子供は何を考えているのか，ノートの使い方にはどんな工夫をしているか，掲示物の意図等々をご説明しました。

　子供たちも，教職員も，毎日毎日本当に奮闘しています。そのありのままの姿こそがわたしたちの誇りなのです。

　特に，すべての通常教室に常設・固定した実物投影機やコンピュータなどが，日常授業の中でどう使われているかを見ていただけたのは本当によかったと思います。ICTは毎日毎日の授業の質を向上させ，教師の負担を少し減らすものであることがよく分かっていただけたと思います。

　視察の後には，率直なご指導をいただきました。これも普段のありのままの課題ですから，本当に参考になりました。わたしたちが気づかなかったことを教えていただくこともありました。修正が必要なことは，直ちに修正させていただきました。

　こうして，フランクに来客を受け入れることで，一番よかったのは，先生たちがどんどん堂々としてくることです。お客様のために特別なよい姿を見せるということは，普段はある意味質が低くても仕方ないということになります。子供にもそれはすぐに分かります。今日は特別な日，今日は普通の日と分けてしまいます。教師がいくら素晴らしいことを言っても，それはしょせんホンネとタテマエだと子供は分かってしまいます。これでは本物の教育にはなりません。

　ありのままの日常を見ていただくことで，学校全体が少しずつ少しずつ改善していきます。ある意味，お客様は，学校改善の大事な推進役なのです。

ボトムアップを実現するために必要なリーダーシップ

　ボトムアップの学校経営が非常に大事です。
　それを実現するには，思慮深いしたたかなリーダーシップが必要です。
　小学校では，スタッフ全員が学校業務の全体像を把握しているわけではありません。多くは，学級というある種の閉鎖空間で子供と格闘しています。良い悪いではなく，そういう組織なのです。
　中学校ですと，空き時間があるために職員室で仕事をすることが多いでしょう。そのときに学校全体がどう動いているのか理解できるチャンスがあるのではないでしょうか。困難な生徒指導に際して，リーダーのもとに一枚岩となって対応する経験もあると思います。
　小学校では，そうした経験をする機会が少ないような気がします。個々に仕事を進める時間が長いのです。朝，教室に向かった先生が，放課後まで職員室に戻らないことはよくあることです。トイレに行く時間もなかった……ということさえあります。
　ボトムアップということは，各自の把握している部分部分の情報や考えを大事にすることでもあります。
　担任には，自分の学級や学年での子供を中心とした情報がたくさんあります。しかし，1年生と6年生では違う情報となりますし，1階と4階でも当然異なる意見が出ます。経験の少ない教師の要望と，経験豊富な教師の要望は自ずと違います。ボトムアップの学校経営とは，これをどう吸い上げ，どうやって一つの方向にまとめ上げるかということになります。これはなかなか大変なことです。
　しかも，議論の時間は極めて限られています。子供が下校してからの時間はわずか30分。その時間は，一日の指導の後始末と，翌日の準備だけで精一杯。いえ，その時間さえ十分には取れないのです。
　学校の業務改善を進める場合にも，こうした困難を超えていかねばなりません。ボトムアップを重視し，みんなの意見を吸い上げて前進するのですが，

相当戦略的に考えておく必要があります。単純にボトムアップで進めばよいのだと考えていると，船頭多くして船山に登るとなりかねません。

　ケースバイケースですし，そのリーダーのキャラクターや経験によると思いますが，先に安易にボトムアップを言い出してしまうと，結局学校経営が苦しくなってしまうのではないでしょうか。

　学級経営と同じです。優しい先生であることはもちろん重要ですが，最初からゆるめの雰囲気をつくってしまうと，その後が大変です。学級経営の上手い教師は，最初はあまりニコニコしないものです。「ちょっと厳しい先生だなと思ったけど，本当に優しくて自分たちのことを考えてくれていたのだな」と子供たちは感じて，落ち着いた学級になっていきます。

　学校経営も全く同じです。

　校長は責任重大です。校長になった瞬間から経営の方向をみんなに示さなくてはなりません。あたふたと走り回っていた教頭時代が終わった翌日４月１日には方針を示す立場になります。「経営方針を受け取る側」と「経営方針を出す側」では，見える世界が全く違います。

　このことを若いときから意識して学ぶことが大事です。そして，学校経営の重責を担うことになったそのとき，何を打ち出すか，若いときからの準備が必要です。

　すでにリーダー養成の研修はたくさんあります。しかし，学校という特別な空気を前提とした研修はまだまだ開発途上だと感じます。具体的な事例をもとにした研修がもっともっと必要だと思います。

column

トランシーバーで情報共有

　トランシーバーは，学校運営に大変役に立ちます。
　遠足や野外体験学習，修学旅行などで威力を発揮するのはすぐにお分かりいただけると思います。そして，日常的にも子供たちを守るためにとっても役に立ちます。
　休み時間にグラウンドで子供が登棒から落ちたことがあります。頭をぶつけてしまいました。看護に出ていた教師が直ちにトランシーバーで報告。それを受けた職員室では，教頭がすぐに119番に出動要請，同時に養護教諭や他の教師が現場に急行。このときは転落から10分も経たないうちに救急車に乗せることができました。もちろん子供は無事でした。素早い対応に保護者の方は心から感謝してくださいました。
　こうした特別な場合だけでなく，毎日毎日の業務にトランシーバーは役に立ちます。管理職や担任外は，学校中を動き回っています。そして，そこにいろいろな問い合わせや打ち合わせが次々と入ってきます。そんなとき，一回一回本人を捜し回っていては大変です。トランシーバーがあれば，すぐに呼び出すことが可能となります。来客をお待たせすることもありません。
　少し不安定な学級の担任に毎日持ってもらったこともあります。普段はスイッチを切り，担任の小袋に入れておきます。担任一人では対応が難しくなったら，「○年○組，よろしくお願いします」と簡単に連絡が入ります。もちろん，サポート要員がすぐに教室に駆けつけます。これで，子供も教師も安心できるのは言うまでもありません。
　最新のデジタルトランシーバーは，秘話機能がついていますので，会話が他に漏れることはありません。出力は5Wあるとよいでしょう。この出力があると，校区の大部分は通話圏内となります。アンテナを屋上に設置すると，校区をはるかに超えて通話ができます。
　瞬時に情報共有できるトランシーバーは，携帯電話とは全く違うツールです。学校の危機管理と業務改善に必須のICT機器なのです。

主な参考文献

- 「新しい時代の教育に向けた持続可能な学校指導・運営体制の構築のための学校における働き方改革に関する総合的な方策について（中間まとめ）」中央教育審議会，2017年
- 堀田龍也『新学習指導要領時代の間違えないICT』（『総合教育技術』11月号増刊）小学館，2017年
- 堀田龍也監修，校務情報化支援検討会編集『「校務の情報化」で学校経営がこう変わる』教育開発研究所，2015年
- 妹尾昌俊『変わる学校，変わらない学校』学事出版，2015年
- 妹尾昌俊『「先生が忙しすぎる」をあきらめない』教育開発研究所，2017年
- 堀田龍也・玉置崇・大西貞憲・後藤真一編『情報化時代の学校変革力　オピニオンリーダーからの提言』高陵社書店，2008年
- 今井正明『カイゼン　復刻改訂版』日本経済新聞出版社，2010年
- 佐々淳行『平時の指揮官有事の指揮官』クレスト社，1995年

あとがき

　私がこの本でお伝えしたかったことを改めて整理します。

・働き方改革の主役は，学校現場の我々。
・学校の「日常」を少しずつ変えることが大切。
・単に時間の削減だけを訴えるだけでは，国民の理解と応援は得られない。
・教育の質を向上させつつ，超過勤務を削減することが必要。
・学校現場には，まだまだ工夫できる余地がある。
・自分たちが必須と思い込んでいることの中にも無理・無駄はある。
・ICTの活用は始まったばかりで，大きな可能性を秘めている。
・ICTは，導入するだけでは何も変わらない。
・ICTを運用する＋αのアイデアこそが重要である。
・議論も大事，試みることも大事。
・＋αのアイデアを実行しながら，修正し，改善を積み重ねたい。
・保護者や地域の応援団を増やしながら学校を改善する。
・そのために，リーダーは自ら動かなければならない。

　これらは，働き方改革の議論が始まる前からぼんやりと意識してきたことです。いくら立派なことを言っても，学校の毎日が変わらなければ価値はない。現実的な改善はまだまだできると思っていたのです。
　校長を拝命してから，4つの小学校で多くの同僚，保護者，地域のみなさんのご理解とご協力を得ながら，これを少しずつ実行してきました。
　もちろん，すべてが上手く進んだわけではありません。改善策を試みたけれどうまく進まず，謝罪して元に戻したこともあります。
　しかし，この「学校の日常を改善する」という学校経営の方向は，実践を繰り返す度に確信に変わってきました。議論だけに時間をかけるのではなく，

「議論と同時に，試み実行しながら次の道をつくっていく」という学校経営は，大いに可能です。それは，教職員も保護者もみんなが参加するアクティブな学校経営でもあります。

　今までの学校は，全員の意見が揃うまで次に進めないという空気が濃かったように思います。合意形成はもちろん大事です。しかし，議論だけに終始し，結局何も変わらないということもありました。意図的に変えないということも多かったと思います。

　公教育に議論や安定が大事なのは言うまでもありません。しかし，真の安定とは，常に現実の課題に合わせて自らを変えることでもあります。

　学校は，一歩踏み出す勇気をもつことが大事です。

　みんなの小さな改善の積み重ねが，気がついたら大きな成果を生み出すのです。

　子育て真っ最中のお母さん先生にこんなことを言われたことがあります。

　「次年度の異動は希望しません。この学校はとても働きやすくなりました。遅いときもありますが，私の都合で退勤をコントロールできているので大丈夫です。3人の子供も元気です」

　とってもうれしい一言でした。

　研究熱心なその学校の灯りは深夜まで消えることがなく，「あの学校には異動したくない」と陰口を言われることさえあったのです。しかし，小さな改善の積み重ねで，いつの間にか働きやすいと言われる学校に変わっていたのです。学校評価も学力も向上しながら，同時に子育て中の先生も働きやすい学校が実現したのです。

　2019年1月25日，中教審が学校における働き方改革について，答申しました。2年間にわたる，国民を巻き込んだ大きな議論は，いよいよ大事な区切りの場面を迎えています。

　国民みんなで営々と築き上げてきた，そして今や海外からも注目される日本型学校教育のよさを持続させるためにも，また，AIの活用も求められる

新しい時代に必要な教育を安定的に実施するためにも，今回の働き方改革は大きな意味をもちます。
　この答申については，様々な意見が寄せられるのは間違いありません。誰しもが満足する完璧な答申は，難しいのかもしれません。
　いずれにせよ，これをきっかけに，国も各教育委員会も，子供たちを守り，教職員を守る新たな施策を次々と出してくれることでしょう。
　今度は，私たち学校現場の出番です。
　学校にもまだまだできることがたくさんあります。そのアイデアを，教職員だけでなく保護者や地域も巻き込みながら考えることはとても楽しいことです。また，それを試みることはやりがいのあることです。

　この本は，共に学校をつくってきた教職員，たくさんの議論を重ねてきた仲間，保護者，地域のみなさんのおかげによってできあがりました。なにより，いつも笑顔をプレゼントしてくれた子供たちの応援によってつくられた本です。いつも導き，励ましてくださったみなさんに心からの感謝を申し上げます。
　また，東北大学大学院・堀田龍也教授のご指導がなければ，この本が世に出ることはありませんでした。長年にわたる親身なご指導に改めて感謝申し上げます。
　我々がもっと笑顔で仕事ができる学校をつくりましょう。
　教職員が元気な学校こそが，子供の笑顔あふれる学校になるのです。
　それは，我々自身のアイデアと実行の先にあります。
　本書が，現場で汗するみなさんのヒントになればとてもうれしく思います。
　そして，次々と新しい学校改善のアイデアが日本中にあふれ出すことを祈っています。

新保　元康

【著者紹介】

新保　元康（しんぽ　もとやす）

1958年，北海道小樽市生まれ。北海道教育大学卒業。
1982年から札幌市内の小学校教諭，北海道教育大学附属札幌小学校教諭として勤務。
2008年から札幌市内の山の手南小学校，幌西小学校，発寒西小学校，屯田小学校で校長として勤務。
2016年から文部科学省の「2020年代に向けた教育の情報化に関する懇談会」スマートスクール構想検討ワーキンググループ委員等を務める。
社会科や総合的な学習の実践研究，ICTを活用した学校の日常改善研究に取り組んできた。

〔主な著書〕
『「校務の情報化」で学校経営がこう変わる』（教育開発研究所，2015年），『社会科重要資料の指導法30選』（教育同人社，2015年），『防災まちづくり・くにづくり学習』（悠光堂，2015年）（以上共著）など

学校現場で今すぐできる「働き方改革」
目からウロコのICT活用術

2019年3月初版第1刷刊	©著　者	新　保　元　康
2019年4月初版第2刷刊	発行者	藤　原　光　政
	発行所	明治図書出版株式会社

http://www.meijitosho.co.jp
（企画）及川　誠（校正）西浦実夏
〒114-0023　東京都北区滝野川7-46-1
振替00160-5-151318　電話03(5907)6704
ご注文窓口　電話03(5907)6668

＊検印省略　　　組版所　中　央　美　版

本書の無断コピーは，著作権・出版権にふれます。ご注意ください。

Printed in Japan　　　　　ISBN978-4-18-089325-6
もれなくクーポンがもらえる！読者アンケートはこちらから
→